中国社会科学院创新工程学术出版资助项目

金融危机对全球保险业的影响

郭金龙 等/著

图书在版编目（CIP）数据

金融危机对全球保险业的影响/郭金龙等著. —北京：经济管理出版社，2013.7
ISBN 978-7-5096-2527-9

Ⅰ.①金… Ⅱ.①郭… Ⅲ.①金融危机-影响-保险业-研究-世界 Ⅳ.①F841

中国版本图书馆 CIP 数据核字（2013）第 130496 号

组稿编辑：王　琼
责任编辑：王　琼
责任印制：杨国强
责任校对：超　凡

出版发行：经济管理出版社
（北京市海淀区北蜂窝 8 号中雅大厦 A 座 11 层　100038）
网　　址：www.E-mp.com.cn
电　　话：(010) 51915602
印　　刷：三河市沟河印刷厂
经　　销：新华书店
开　　本：720mm×1000mm/16
印　　张：13
字　　数：205 千字
版　　次：2013 年 8 月第 1 版　2013 年 8 月第 1 次印刷
书　　号：ISBN 978-7-5096-2527-9
定　　价：39.00 元

·版权所有　翻印必究·

凡购本社图书，如有印装错误，由本社读者服务部负责调换。
联系地址：北京阜外月坛北小街 2 号
电话：(010) 68022974　邮编：100836

前言

  始于2007年8月的美国次贷危机愈演愈烈，最终演变成了一场全球范围的金融危机。本次危机堪称"大萧条"以来的危机之最，它不仅重创了美国金融与经济，也给全球金融体系和世界经济投下了一颗"重磅炸弹"，使国际金融体系遭受到"大萧条"以来最严重的冲击与考验。在这个过程中，实体经济伴随着金融泡沫的破灭而一蹶不振，欧洲等一些国家的债务危机又兴风作浪，持续了十年之久的世界经济增长强劲势头被扭转。

  国际金融危机爆发并席卷全球，保险业"功不可没"，当然也难保"金身"。美国保险业通过承保次级抵押贷款保险、次级债券担保保险等业务和购买大量的次级债券成为此次金融危机形成的一个重要推波助澜者，并因此在危机中遭受重创。国际保险业巨头——美国保险集团（AIG）甚至濒临破产。这次危机也给中国保险业带来了巨大冲击，保险机构投资收益和利润大幅下滑、保险市场信心下降及业务增长放缓等消极影响显现。

综观全球，每一次重大金融危机的爆发都会带来重大金融监管制度的改革。全球金融危机及其所带来的惨痛教训也使以美国为首的西方各国重新拉开了金融监管制度变革的大幕。为了重塑金融体系，防范系统性风险和金融危机重演，避免银行和其他金融机构因重大交易风险及损失而不得不由政府出手救助的局面再次发生，以美国为先导，从2009年起，进行了"大萧条"后最大规模的金融修法活动。消除危机及金融改革政策确实收到了一些实效，但是也受到了广泛质疑，各界对政策侧重治理危机表面问题而未能针对危机发生实质的批评之声一直不绝于耳，深度发掘本次危机爆发原因、机理、实质的需求仍然非常强烈。特别是对于包括中国在内的国际保险业而言，深刻反思其在全球金融危机中所扮演的可能的"不光彩"角色，防止危机再次发生及对自身的巨大影响，刻不容缓。

为此，《金融危机对全球保险业的影响》一书将深入分析全球金融危机爆发的深刻根源和危机传导的机理，剖析金融危机从虚拟经济向实体经济传递的机制，探讨危机对全球虚拟经济和实体经济的冲击，特别是金融危机对全球保险业的影响。研究表明，在金融全球化背景下，各国金融市场的联动性不断增强，发达国家金融市场的持续动荡必将对中国国内金融和保险市场产生一定的冲击和负面作用。我国保险业应从这次全球金融危机中认真吸取经验和教训，明确保险的"保障"本质，实现保险经营的理性回归。保险业应当充分认识对外开放、投资渠道拓宽、创新和多元化的利与弊，在做好风险防控、保障市场安全的根本前提下，继续稳步推进保险业的改革与发展。

本书共七章，包括：第一章全球金融危机的起因、机理和演变过程（执笔人：刘明飞、郭金龙等），第二章金融危机对全球金融市场和实体经济的影响（执笔人：胡宏兵、郭金龙等），第三章金融危机对全球原保险市场的直接影响和分类分析（执笔人：屈波、郭金龙），第四章金融危机对全球原保险市场的间接影响和问题分析（执笔人：屈波、郭金龙），第五章金融危机对全球再保险市场的影响（执笔人：郭凯、胡宏兵），第六章金融危机对中国保险业的影响和发展趋势分析（执笔人：胡宏兵、郭金龙），第七章中国保险业应对金融危机的对策分析（执笔人：郭金龙、胡宏兵）。郭金龙、胡宏兵对全书进行统稿和修改。本书的初稿在2010年完成，所以文中引用的数据都是2010年以前的，在统稿的过程中没有对数据进行新的更新，因而基本没有反映2010年之后的状况，这是本书的不足之处。此外，必须承认的是，全球金融危机对保险业的影响是长期和深远的，涉及问题很多而且复杂，加上此次的研究和撰写时间较短以及作者的水平有限，本书难免会有诸如不够深入、不够全面等不足之处，敬请有兴趣的读者给予批评和指导。今后，我们将根据实践中的新问题和研究中的新进展，对现有研究进行修改和完善。

在本书的撰写和研究过程中，张许颖教授、朱俊生教授参与了讨论和修改；在本书的编辑出版过程中，经济管理出版社王琼和中国社会科学院金融研究所雷蕾等对本书文字做了大量的修改和编辑工作，在此一并致谢！

内容提要

本书以次贷危机爆发的背景为切入点，追踪次贷危机向全球金融危机、经济危机演化的全过程，透视全球金融危机爆发的原因和机理；分析次贷危机对世界各主要经济体金融市场和实体经济的影响，解释全球经济失衡情况下金融危机从虚拟经济向实体经济传递的内在机制，同时研究世界各国应对金融危机的措施；分析金融危机对原保险的直接影响以及通过影响进出口、利率等对世界原保险造成的间接影响，并对其原因和问题进行深入系统的探讨；分析金融危机对世界再保险业的影响及有关问题；在分析全球金融危机对保险业影响和后金融危机时期我国保险业发展面临问题及趋势的基础上，就保险监管、风险防范、保险经营与投资、法律法规等方面进行对策研究，提出应对措施。

本书分七章展开研究。

第一章，全球金融危机的起因、机理和演变过程。采用大量文献材料，从理论和实证两个方面系统阐述全球金融危机的背景、起因以及从美国次贷危机向信用危机转化、美国金融危机向全球扩散的基础和过程。这些研究得出的研究成果和主要结论是：

（1）美国等西方发达国家过度消费型经济，是构成次贷危机形成的实体经济重要背景。在全球经济失衡的情况下，2000年互联网泡沫破灭之后，刺激国内消费成为美国经济增长的唯一选择。而房地产具有消费与投资两方面兼备的独特性质，加之房产市场对于建筑业和建材、家具、电器市场的刺激作用使得其成为美国刺激经济发展的主要领域。在刺激消费、透支信用的大环境下，通过金融衍生工具向没有信用证明、没有固定收入来源却有大量其他负债的购房者提供了大量贷款，形成了一个近乎完整的金融链条：专业机构提供次级信用贷款，投资银行发行金融衍生产品，评级机构提供信用评级保障，保险公司进行风险安全担保。在这个过程中，整个金融业笼罩在一个巨大的金融幻觉中：全球经济会持续繁荣，房地产价格会只升不降，次贷产品也会只有高收益而不会有高风险，即使有风险，也会有别人扛着而不可能轮到自己。这种相互关联、相互依存、相互依托但却谁也不愿意也不能够承担风险的金融链条本身就极为脆弱，一旦金融幻觉破灭，整个链条就会立刻崩断，产品风险、产业风险、行业风险甚至系统风险就会不期而至，整体经济也会面临难以抵御也难以把握的巨大风险。而这恰恰就是此次次贷危机演化进程的一幅完整图景：一方面，它们鼓励人们贷款买房，甚至是贷款买多套房，因为人们在刚开始购房还贷时的压力很小，完全可以等待房产升值后再进行债务处理；另一方面，一旦房地产市场出现变化，房产价格增幅小于贷款利率，购房者还款压力增大，尤其对于那些信誉度不好且没有固定收入的次级贷款者只能被银行收回房产，从而推倒第一块多米诺骨牌。

（2）担保债务凭证CDO（Collateralized Debt Obligation）及信用违约互

换 CDS（Credit Default Swap）等金融衍生品，使得次级按揭贷款的风险不再单纯地保留在贷款银行内部，而是扩散到不同的金融主体，起到风险放大器的作用。CDO 和 CDS 由贷款银行、投资银行、保险公司、退休基金等购买，信用层级较低的部分卖给对冲基金，而对冲基金通过重复买卖和杠杆借贷等一系列复杂的金融市场操作技巧将风险放大到几倍甚至几十倍，使得危机爆发后的联动效应和扩散效应更为明显。

（3）美元核心地位和世界各国美国国债投资是美国金融危机向全球扩散的基础。美元作为国际货币体系中最核心的货币，在国际结算、国际储备、商品计价等国际贸易活动中起着极其重要的作用，因此，美国可以利用政府的货币发行权来偿还债务，美国在提高了国内消费水平的同时将美元作为一种经济扩张手段推广到全世界，由此美国以美元为借款凭证名正言顺地将别国的储蓄占为己有。美国经济自 2000 年后进入了全面复苏与发展阶段，为了促进经济的发展，美国政府财政赤字不断增加，同时，虽然美国在信息技术等高科技产业抢占了经济发展前沿，但美国需大量进口制造业等初中级产品。因此，在国际贸易经常账户中美国同样赤字不断扩大，"双赤字"是美国经济最显著的特点。其他国家的银行与投资公司等从美国买进次贷及其衍生品作为投资手段，其优异的市场盈利记录同样刺激了全世界金融机构对次贷及其衍生品的需求，CDS、CDO 等衍生品以其高回报率、危机爆发前的低风险以及几乎没有监管介入等种种优势吸引各国的金融机构大量买入。就这样，在次贷危机爆发前美国通过国债与公司证券化衍生品将次贷危机的风险扩散到了全球金融市场的各个角落。自 2007 年 7 月全面爆发，美国次贷危机以迅雷之势席卷全球。

第二章，金融危机对全球金融市场和实体经济的影响。首先，以大量实例和数据说明金融危机发生后，对全球银行、证券、保险市场的巨大冲击，导致实体经济出现的问题以及各国为应对经济衰退而采取的应对措施；其次，从经济全球化造成全球经济失衡背景下形成的过度消费型经济、过度生产型经济、过度资源供应型经济角度分析金融危机从虚拟经济向实体经济传递的深层次原因。这些研究得出的研究成果和主要结论是：

（1）大量实例和数据说明金融危机发生后，对全球银行、证券、保险市场的巨大冲击，导致实体经济出现的问题，以及各国为应对经济衰退而采取的应对措施；从经济全球化造成的全球经济失衡背景下形成的过度消费型经济、过度生产型经济、过度资源供应型经济角度分析金融危机从虚拟经济向实体经济传递的深层次原因。

（2）从此次全球金融危机的起因、机理和演变过程以及大量实例可以看出：次贷危机第一阶段是从金融产品危机转化为房地产业危机，通过金融衍生品放大作用形成了世界范围的金融危机；第二阶段是由金融危机转化为全面的经济危机，世界各国的金融体制与监管机制面临挑战；第三阶段是各国采取政府干预经济的措施，世界经济出现大幅波动，许多在市场经济国家中盛行已久的金融理念与发展信念被动摇，将给世界经济带来重大和持续的破坏性影响。金融危机的影响仍在持续，仍将对未来几年甚至几十年的经济发展产生重大影响。

（3）全球金融危机产生的三个深层次原因分别是过度泛滥的金融创新模式、过度放松的市场监管模式、过度消费与信用透支的经济发展模式。金融衍生品泛滥无度，与经济本体发生了难以想象的重大偏离。创新的红利被拿走，创新的风险却留给了市场。对金融衍生品过度放松的市场监管模式，使得信用关系逐步演变为信用陷阱。过度的消费模式本身就导致信用透支，使得金融体系严重脆弱，再加上金融系统内外部各种因素的叠加效应，就使得危机的负面影响迅速扩大并逐波蔓延。

（4）全球经济失衡使得金融危机逐次向实体经济传递。金融危机通过在全球经济失衡背景下产生过度消费型经济、过度生产型经济、过度资源供应型经济逐次向实体经济传递。首先全球金融危机带来巨大冲击的是过度消费型经济（如美国），并在这些国家中引起消费萎缩进而给生产与市场带来冲击，过度消费型国家发生的经济衰退又会反过来挤压过度生产型经济（如中国、印度）的海外市场并引起这些国家的经济衰退，而过度生产型国家如果出现衰退，那么受冲击最大的就是给过度生产型国家提供资源的过度资源供应型国家（如巴西、澳大利亚），并且将最终导致这些国家出现经济衰退。在全球化背景下,危机会逐次传递并逐波激化,使得整个世界都深陷其中而无一幸免。

第三章,金融危机对全球原保险市场的直接影响和分类分析。从承保赔付、投资收益和投保业务三个方面研究金融危机对全球原保险市场的直接影响,并按照保险公司规模、投资策略、业务重点等不同分类进行直接影响的深入分析。这些研究得出的研究成果和主要结论是:

(1) 由于为次级住房抵押贷款提供担保或者持有投资银行股份,保险公司受到次贷危机直接影响;这一影响可以通过公司财务报表直接反映出来,也就是说直接影响可以直接衡量。保险业遭受的损失主要来自于承保和投资两个方面。在承保方面,次贷危机使得董事高管责任和错误遗漏保险、住房按揭保险、债券保险等业务的赔款支出显著增加,许多公司陷入困境;在投资方面,美国国际集团(AIG)由于采取了激进的投资策略,在次贷支持类债券、信用违约互换和其他衍生品方面进行了大量投资,蒙受了巨额亏损,陷入了破产的边缘,不得不向美联储求救。从中长期来看,次贷危机造成的保险业损失可能更大,影响程度和范围可能也更为深远。次贷危机对全球保险业造成巨大冲击,此次危机的影响不仅仅体现在短期的亏损方面,还可能对全球保险业未来数年的盈利能力、监管框架、偿付能力、会计准则等产生重大影响。

(2) 多数严格控制次贷相关债券投资的保险公司受到直接冲击较小,少数大保险公司则蒙受巨额亏损;大多数遵循了非常谨慎和保守投资策略的保险公司,受到此次次贷危机的直接冲击较小,少数采取了相对激进投资策略的大保险公司则蒙受了巨额亏损;参与次级住房抵押贷款的保险公司和部分投资连接产品蒙受损失,传统保险业务的收益维持稳定,且次级抵押贷款风险可控,资本充足情况维持较好,次贷危机对传统人寿保险公司和财产保险公司的正常经营没有产生重大影响。

第四章,金融危机对全球原保险市场的间接影响和问题分析。遵循金融危机影响保险业的机理,从实体经济、国际贸易、财政政策、货币政策等方面,深入探讨金融危机对原保险造成的间接影响。这些研究得出的研

金融危机对全球保险业的影响

究成果和主要结论是:

(1) 金融危机发生后,各国采取的降息、注资以增加金融机构的资本充足性、增加财政投资、减税、国有化、补贴住房贷款、加强金融监管等措施,直接影响实体经济、国际贸易、财政政策、货币政策,进而对保险业产生间接影响。

(2) 金融危机对全球原保险市场的间接影响不尽相同,作用有正有负。总体看,短期内对保险市场负面影响较大,长期看将对保险市场结构调整产生影响。

第五章,金融危机对全球再保险市场的影响。在分析金融危机后全球再保险市场总体运行情况变化的基础上,从再保险市场需求、市场供给、影响机理,以及从全球再保险企业行为和绩效等角度研究金融危机对全球再保险市场的影响,并以瑞士再保险公司为例进行案例分析。这些研究得出的研究成果和主要结论是:

(1) 次贷危机对再保险既有直接影响,也有间接影响,衡量间接影响的难度更大。非人寿再保险业受金融危机的影响较大;人寿再保险市场受金融危机的影响反而需求有所上升。

(2) 从对瑞士再保险公司的深度案例分析中,总结出导致瑞士再保险公司(包括少数其他再保险公司)深受金融危机之困的深层次原因就是其战略失误,即严重偏离其核心业务——再保险业务,追求高风险下的高收益与再保险行业特性和风险偏好严重背离,造成其风险管控不力。金融危机所造成的未预计的系统性风险是造成再保险业波动的最主要外部因素。

第六章,金融危机对我国保险业的影响和发展趋势分析。从消费者信心、保费收入、投资收益、实体经济、货币政策、监管等角度分析金融危机对我国保险业的影响;揭示金融危机条件下我国保险业风险防范、投资、稳健发展等问题;指出后金融危机时期我国保险业六个发展趋势。这些研究得出的研究成果和主要结论是:

(1) 从增长角度看,目前我国保险业基本摆脱金融危机的影响,成为国民经济中发展最快的行业之一。2010年全国总保费收入同比增长突破30%，全国总保费收入14527.97亿元，保险行业总资产规模达到5万亿元，投资规模达到3.21万亿元，但是2011年和2012年由于结构调整等原因保费收入增速明显减缓。

（2）揭示金融危机条件下我国保险业风险防范、投资、稳健发展等问题。后金融危机时期我国保险业六个发展趋势是：保险经营理性回归，更加注重保险主业；不断加强对资本市场风险的控制；更注重再保险的地位和功能；保险需求的多样化和保险创新自主化；保险发展的科学化和集中化；保险监管的系统化和专业化。

第七章，我国保险业应对金融危机的对策分析。在分析全球金融危机对保险业影响和后金融危机时期我国保险业发展面临的问题及趋势基础上，就保险监管、风险防范、保险经营与投资、法律法规等方面提出12项应对措施。这些研究得出的研究成果和主要结论是：

（1）随着全球金融业的发展，银行、证券、保险等行业相互融合、渗透，金融混业经营的国际发展趋势愈演愈烈。然而，中国的特殊国情决定保险业应坚持自己的发展步调和特色。在此次金融危机中，保险业务虽然没有出现大的问题，但是一些保险公司在投资方面出现了损失。

（2）金融危机的一个重要教训是，要正确区分"借鉴"与"盲目追随"，辩证地看待金融自由化、金融创新和金融衍生产品。源起次贷危机的全球金融海啸，不仅暴露出美国金融保险业自身存在的缺陷，同时也反映了其他国家追随美国模式、参与次贷利益分配的盲从性和片面性。学习和借鉴发达国家的先进模式，实现我国保险业跨越式发展应注意"引进借鉴"与"自主创新"并重，切忌照抄照搬、东施效颦。美国模式或发达国家模式固然有其先进性，但却不是万能的。"重引进借鉴，轻自主创新"无异于"重形似而不重神似"，盲目追随的结果已经在美国金融危机中发达国家遭受集体重创的事实中再一次得到印证。目前我国保险业学习、借鉴、模仿有余，而自主创新不足，今后我国保险业的学习借鉴更应在尊重我国国情和市场客观环境的基础上，有针对性地学习借鉴，扬长避短，自

金融危机对全球保险业的影响

主创新。同时,应辩证看待美国金融自由化、金融创新进程中诞生的金融衍生产品。脱离特定环境背景盲目照抄照搬,盲目肯定与仰视美国金融自由化如何自由、金融创新如何高级、工程技术如何复杂深奥、金融衍生品如何繁多神秘,进而自愧不如是万万不可取的。

(3) 提出我国保险业应对全球金融危机和后金融危机时期发展的 12 项应对措施。

目 录

第一章 全球金融危机的起因、机理和演变过程 ……………… 1
  第一节 全球金融危机的起因——美国次贷危机……………… 1
  第二节 美国次贷危机爆发的机理 ……………………………… 7
  第三节 美国次贷危机向全球金融危机演变的过程 ………… 24
  本章小结 …………………………………………………………… 29

第二章 金融危机对全球金融市场和实体经济的影响………… 31
  第一节 金融危机对全球金融市场的影响……………………… 31
  第二节 金融危机对全球实体经济的影响……………………… 61
  第三节 金融危机从虚拟经济向实体经济传递的深层次分析 … 83
  本章小结 …………………………………………………………… 85

第三章 金融危机对全球原保险市场的直接影响和分类分析 … 87
  第一节 金融危机对全球原保险市场的直接影响……………… 87
  第二节 金融危机对全球原保险市场直接影响的分类分析…… 108
  本章小结 …………………………………………………………… 115

第四章 金融危机对全球原保险市场的间接影响和问题分析 …… 117
  第一节 金融危机对全球原保险市场的间接影响……………… 117
  第二节 金融危机对全球原保险市场间接影响相关问题分析…… 132
  本章小结 …………………………………………………………… 137

· 1 ·

第五章　金融危机对全球再保险市场的影响……………138
　　第一节　金融危机对全球再保险市场运行和市场结构的影响………138
　　第二节　金融危机对全球再保险企业行为和绩效的影响…………151
　　第三节　金融危机对全球再保险影响的成因分析………………154
　　本章小结………………………………………………………161

第六章　金融危机对中国保险业的影响和发展趋势分析…………162
　　第一节　金融危机对中国保险业的影响……………………162
　　第二节　中国保险业面临的问题……………………………168
　　第三节　后金融危机时期中国保险业的发展趋势……………170
　　本章小结………………………………………………………173

第七章　中国保险业应对金融危机的对策分析……………174
　　第一节　保险监管方面的应对措施…………………………174
　　第二节　保险风险防范方面的应对措施……………………177
　　第三节　保险经营及投资方面的应对措施…………………182
　　第四节　保险业发展法律法规方面的应对措施……………183
　　本章小结………………………………………………………186

参考文献………………………………………………………188

第一章

全球金融危机的起因、机理和演变过程

本章以次贷危机爆发的背景为切入点,围绕次贷危机向全球金融危机、经济危机演化的全过程,发掘全球金融危机发生的深层次原因、传导机理以及危机演变过程。

第一节 全球金融危机的起因——美国次贷危机

一、美国次贷危机释义

美国次贷危机(Subprime Crisis)又称次级房贷危机,也译为次债危机。次贷即"次级(subprime)按揭贷款","次"指与"高"、"优"相对应,形容较差的一方,在"次贷危机"一词中的含义是信用低、还债能力低。美国次贷危机是一场由于次级抵押贷款机构破产、投资基金被迫关闭、股市剧烈震荡引起的金融风暴。它致使全球主要金融市场出现了流动性不足的危机。美国次贷危机是从 2006 年春季开始逐步显现的,并于 2007 年 8 月开始席卷美国、欧盟和日本等世界主要金融市场。

由于基准利率的不断上升,一方面,繁荣的房地产市场出现了衰退,房价开始下跌;另一方面,借款人,尤其是申请了次级抵押贷款的借款人由于其不

堪重负的高额贷款利息而开始违约,从而使得提供这类贷款的金融机构出现受损。随后,以这些次级贷款为标的的证券化产品及其衍生产品即所谓的次级债券的价格开始下跌,受损者逐步扩大到了各类基金公司、保险公司、投资银行甚至是美国国外的投资者,全球金融市场因此出现了剧烈动荡,流动性危机开始显现。

二、美国次贷危机形成的背景

1. 美国次贷危机形成的实体经济背景

次贷危机也好,金融危机也好,它们真正表现的仍然是实体经济出现的问题。

美国经济自2000年互联网泡沫破灭之后一直在寻找新的增长点,最终找到了房地产市场。刺激经济增长无非就是刺激投资、出口或消费。美国工业化与现代化程度之高已经找不到足够规模的投资来拉动经济发展。至于出口,由于美国将大量的人力和财力投入到信息网络技术等高科技产业中,传统制造业在广大发展中国家廉价劳动力的冲击下失去了以往的优势地位,出口贸易长期赤字,难以成为美国经济的刺激点。刺激国内消费成为刺激美国经济增长的唯一选择。而房地产具有消费和投资两方面兼备的独特性质,加之房产市场对于建筑业及建材、家具、电器市场的刺激作用使得其成为美国刺激经济发展的主要领域。

美国为发展房地产市场,采取了一系列的宽松政策。美国一直以来都十分重视居民的住房问题,美国政府一方面立法鼓励银行向低收入家庭和低收入社区提供住房贷款,另一方面在抵押贷款的二级市场中设立房利美与房地美(简称"两房")这样的专门机构承担为政府住房政策服务。政府规定,在"两房"每年购买的抵押贷款中,中低收入水平和少数居民聚集地区的贷款应占一定比例。此外,美国政府还通过税收等手段鼓励居民置业。根据《1986年税收改革法案》的规定,纳税人如果以分期付款的方式购买第一套和第二套住房,其住房贷款的利率支出可以免交个人所得税,其他分期付款的消费信贷利息则不在减免税范围之内。而且在美国政府政策法律的指导下,商业银行及其他贷款机构不断扩大抵押信贷的服务对象，对放贷对象的限制逐渐放宽。

美国房地产贷款系统中分优质贷款市场、次优级贷款市场、次级贷款市场三类。美国把消费者的信用等级分为优级、次优级和次级。那些能够按时付款的消费者的信用级别被定为优级，那些不能按时付款的消费者的信用级别被定为次级。次级贷款市场就是面向那些收入信誉程度不高的客户，其贷款利率通常比一般抵押贷款高出2%～3%。尽管美国次级贷款市场占美国整体房贷市场的比例并不高，占7%～8%，但其利润最高、风险最大。低首付，头两年低利率，房价的不断上升和对经济形势的乐观预期令那些在美国银行体系内信誉处于次级位置的美国人——他们大部分是没有固定收入来源，甚至没有能力支付房贷月供——纷纷选择了贷款买房。这时，银行提供给他们的住房抵押按揭贷款就是次级贷款。

次贷抵押贷款是一种高风险的贷款，银行本应对贷款申请人进行严格审查，但是在政府要求给低收入者提供住房机会时，贷款机构开始放松信贷条件，而且在贷款机构看来，只要房屋价格上涨，即便出现贷款违约也可收回房屋出售还贷。风险直接暴露在市场中，房地产市场一旦出现周期性波动，后果不可预料。

回到美国房贷市场，一面是较低的贷款利率，一面是房地产价格的不断攀升，住宅价值的提升远远高于购房贷款所要交纳的利息，人们通过贷款购房可以迅速增加家庭的净资产。这又鼓舞了人们再次去贷款买房，大量家庭进入购房的队伍中，房产市场中的需求增加，住宅价格被再次推高，泡沫就这样一点一点被吹了起来。

房贷公司零首付和可调整利率的影响。世上没有免费的午餐，零首付的代价就是要付给房贷公司高于正常支付首付贷款的利息，它的隐性要求是贷款人虽没有一定的储蓄但一定要有较高的、稳定的现金收入。毫无疑问，美国银行自动将这个问题忽略了，可调整利率意味着贷款购房者在过了利率优惠期后其每月的按揭还款数额将出现大幅度提升，还款压力骤然提升，购房者很容易出现断供的问题。一方面，人们被鼓励去贷款买房，甚至是贷款买多套房，因为人们在刚开始购房还贷时的压力很小，完全可以等待房产升值后再进行债务处理。另一方面，一旦房地产市场出现变化，房产价格增幅小于贷款利率，购房者还款压力增大,尤其对于那些信誉度不好且没有固定收入的次级贷款者只能被银行收回房产,从而推倒第一块多米诺骨牌。

2. 美国次贷危机发生的深层次背景

尽管房地产市场是次贷危机爆发的最前沿阵地,但仍需从更深层次来挖掘次贷危机的形成背景。世界金融发展史表明,金融危机的爆发往往是金融矛盾长期累积的结果,次贷危机的产生也不例外。

(1) 全球经济失衡加大证券资产的需求,为金融危机埋下隐患。2000年以来,全球失衡问题日益突出,经济不平衡主要表现在部分发达国家尤其是美国,作为储蓄不足的国家,其经常账户存在巨额逆差,而其他众多的发展中国家及部分发达国家,如东亚国家、中东产油国、德国和日本,则拥有巨额的经常账户顺差,是储蓄剩余国。全球经济失衡之所以持续存在,主要有两点:一是20世纪90年代以来,美国由于金融自由化、美元是主要国际储备货币和支付工具及其为世界最大经济体与创新中心等原因在全球范围内透支自身信用,支持其过度消费;二是东亚新兴国家和中东产油国的大量储蓄,对外反映为大量的净资本流出,而这些大部分都流入了美国,使美国资本市场资金充裕,利率水平低,美国居民通过借债进行消费,房地产市场一片繁荣,不断增长的美国需求又进一步刺激世界其他国家经济增长,进一步增加各国尤其是东亚新兴国家的经常账户的增长,从而促使美国成为全球主要的经常账户逆差国。

在极度失衡之前,全球经济持续强劲增长,金融创新加快,各式金融工具不断推出以满足各类投资者的需求,尤其是债券市场。一方面,由于美元的中心储备货币地位,大量的储蓄剩余国积累了巨额的美元外汇储备,随着这些国家外汇资产规模的快速增长,其风险偏好程度也在不断上升,为次贷危机埋下隐患。另一方面,对证券资产的巨大需求一再压低了市场利率,刺激了美国国内的消费需求和投资需求,居民储蓄率不断下降,债券发行量急剧扩张。但是,这种不可长久持续的、失衡的经济增长模式必然为引发金融危机埋下隐患。

(2) 放松金融监管激励金融创新,积聚巨大风险。1929年经济大萧条之前,尚不存在现代意义上的金融监管,之后建立的以"分业经营、分业监管"为核心内容的现代金融监管体系使得金融体系稳定运行了30余年。20世纪70年代,世界开始了30余年的金融监管变革,变革的主线是从重视市场效率到强调金融企业的谨慎经营。变革主要包含两方面的内容：一是以放松金融市场监管为主的自由化改革；二是建立针对金融企业的监管。在之后颁布的《金融服务现代化法》中，提出了所谓"功能监管"的新金融监管理念，监管中心从市场（结构）向企业（功能）转变。

在放松金融市场监管的过程中，金融企业的业务已由单一型向复合型转变，监管者必须区别对待，了解具体金融活动的业务性质后才能实施监管。如此分业监管模式下的单一监管机构已无法胜任，需要过渡到混业条件下的功能管制，监管机构组织开始进入到"多头的共同监管"或者说"多对一"的监管模式。但是在放松金融市场监管的同时，对金融企业的监管从实践效果来看并没有实现，"功能监管"更多的是停留在理念上，并没有落到实处。① 尽管美联储被授权对金融控股公司实行"伞形"监管，但仍保持了由各监管机构分别对证券、期货、保险和银行业监管的格局，而对于如何监管次级贷款抵押证券这类跨市场、跨行业的交叉性金融工具却并没有任何要求，致使当时的监管体制存在严重的监管重叠和监管缺位问题。

在市场管制放松而功能管制尚未完善的情况下，金融企业业务活动迅猛扩展，新金融产品频繁推出，尤其是美国证券化产品和结构性投资工具发展迅猛。而债券具有的现金流稳定的特点使其在技术上容易将风险进行分解、重组和转移，非常适合开发新的金融产品，因此，债券市场成为了金融创新的主战场。债券市场包含了绝大部分衍生工具，如掉期、CDO、ABS、MBS、CDS等，从而集聚了大量风险。

总的来说，次贷危机的深层原因主要有两个方面：一是持续的全球不平衡积累了巨额的剩余储蓄，形成了对美元资产的巨大需求。一方面，低利率的环境加大了债券融资的需求；另一方面，全球投资者的风险偏好持续上升，往往选择高风险、高收益的资产，次级抵押贷款就是其一。二是20世纪70年代以来金融市场的管制放松，新监管体系尚未健全，面对快速乃至冒进的金融创新活动，投资者和监管者都没有对金融产品的风险保持足够的谨慎，以致风险大量聚集。

---

① 又称《格郎—利奇金融服务现代化法》（Gramm-Leach Financial Services Modernization Act），1999年11月4日由美国国会通过，11月12日由克林顿签署颁布。其核心是确立金融混业经营的合法性。

金融危机对全球保险业的影响

三、美国次贷危机的爆发

1. 次贷危机的萌芽阶段和初始措施

从 2005 年开始，次贷危机便出现萌芽。当时，美国政府已经认识到房产市场中充斥着泡沫，美国联邦储备委员会开始逐步提高市场利率，希望可以一点一点地将没有能力贷款购房的人赶出房产市场，避免房产市场的崩溃。为了抑制国内通货膨胀，美联储从 2004 年 6 月到 2006 年 6 月的两年时间内连续 17 次上调联邦基金利率，直接导致浮息贷款利率上调，购房者月供金额不断上升，还款压力增大。而次贷申请者大多没有稳定的收入来源，信用记录也良莠不齐，当他们发现无力还贷的时候，拖欠和违约也就不可避免。信用风险随着利率的上升逐渐暴露。即使一部分购房者有能力继续维持还款付息，利率的上升也会削弱其偿付的意愿。

利率提高后次级贷款中已经出现违约现象，但是仍在银行等机构的承受范围内，而且由于之前一直良好的收益与极低的违约率，市场仍然没有提高警惕。但转折点在 2007 年出现了，由于高利率和信贷收紧的累计影响，美国房屋市场疲软之态尽显，住宅销售量在 2006 年与 2007 年大幅度下滑，房地产价格不升反降，高利率又再次加重了按揭贷款的每月还款压力，多重压力下，大量次级贷款者不得不放弃房屋，次级贷款的违约率陡然提升，房产市场上需求不足。而银行收回了作为抵押的房屋后，房产市场上供给反而增加，房地产价格开始一轮又一轮的下跌。价格下跌令房产的总价值不断下降，对于某些家庭而言，银行的欠款已经超过了他们房屋的现有价值，他们的净资产已经为负，在预期房价会持续下跌的情况下，家庭只会承担越来越高的债务，最好的解决方法只能是违约。违约者数量的增加令房产市场的消费者对未来产生了悲观的预期，房地产价格再次下降，市场需求量不断减少，这时已经不仅仅是次级贷款者的违约了，那些信誉度良好、拥有固定收入的贷款者也因为房贷压力增大与房产价值下跌加入到违约大军中来。次贷危机在这时爆发了。

2. 次级债与次贷危机全面爆发

美国住房抵押贷款总额为 13 万亿美元，次级贷款仅占其中的 10%——

1.3万亿美元。如此规模即使全部损失掉,美国的金融业也不会有太大的压力,但是正如投资大师巴菲特所说:"金融衍生品是金融界的大规模杀伤性武器!"各类次级贷款衍生出的次级债才是导致次贷危机乃至金融危机的真正魔鬼。

具体来说,由于货币政策进入加息周期,房地产价格下跌,导致次贷借款者的偿付能力下降,不能按期归还贷款本息,拖欠率与违约率上升。由此,评级机构开始调低对相关债券,如次优级贷款抵押债券的评级,导致其价值下滑。随后大量的机构投资者开始陷入困境,而出于回避风险的需要,放贷给这些投资者的贷款机构往往要求其偿还贷款,因此,这些机构投资者此时就面临着巨大的压力。但是由于债券市场的低流动性及定价机制不透明以及在危机爆发之际市场信心匮乏、对风险的敏感度急剧上升,这些使得二级市场的流动性基本丧失。在这种情况下,不良影响纷纷出现:一是为了筹集资金调整头寸,投资者将被迫卖出部分优质、流动性好的债券和股票,这将使得那些信用评级较高的债券的价格受到牵连;二是基于次级债市场的规模及影响,其价格的急剧下降将导致市场开始在整体上怀疑抵押证券包括一些优先级债券的市场价值,导致其价格也出现显著下跌;三是由于在投资过程中杠杆被大量使用,在风险发生之后损失也将相应地成倍放大。

在这些因素的作用下,次贷危机爆发,并以洪水决堤般态势席卷了美国的金融业及实体经济。

第二节 美国次贷危机爆发的机理

一、美国次贷危机扩散方式

单纯的房贷市场动荡是不可能撼动美国金融业这棵参天大树的,但当这棵大树被各种衍生品啃空了主干后,令人吃惊的事情就发生了。

1. 次级抵押贷款及其衍生品

从次级抵押贷款到次级按揭贷款抵押证券。在房地产市场一片红火、欣欣向荣时，美国抵押贷款公司，包括"两房"集团也加入到了这场狂欢中，它们纷纷放低了风险评估的条件，大量购买次级抵押贷款，而它们本身的业务就是将购买的抵押贷款证券化后出售，大量的次级抵押贷款被做成次级按揭贷款抵押证券，次级债正式亮相了。但是这时以次贷为基础发行的次债信用评级还不足以达到投资级，很难进入大型投资机构的投资范围。

次级债的再次证券化与抵押债务权益。这时美国金融市场中的投资公司发现了次级债的投资机会，开始大规模买进次级债，将次级债与其他优质的按揭抵押债打包组成资产池，再次进行了证券化，形成了新的金融衍生品——抵押债务权益（Collateralized Debt Obligation，CDO）。投资银行为了成功地将这种新型的证券销售出去，根据投资者对收益、风险和期限等的不同偏好，按照可能出现的违约概率分层，按照违约风险由低到高分别为高级层、中级层和股权层。从抵押资产池中获得的收入将会依照规定利息优先付给高级层，然后是中级层，最后剩余的部分付给股权层。这样，高级层的收益就得到了中级层和股权层的保护，只要资产池中的资产获得收益，高级层就可以得到收益，相应其收益率最低，而股权层承担了最大的风险，因此，其收益率最高，市场形势好时往往能达到百分之十几甚至百分之几十的收益。

只差最后一个步骤CDO就可以正式投入市场了，那就是评级。这时的美国评级机构做出了它们第一个错误举动，其仅依靠数学模型的演算给了CDO高级层3A的最高评级，CDO正式进入了各类大型投资机构的投资名单。

此外，还有一种特殊的金融衍生品同样参与了次级债的发展，即信用违约互换（Credit Default Swap，CDS），是指持有金融债券的机构担心债券的发行方违约而导致债券收益及价格的损失，这时债券持有方向某些大型保险公司支付一定的费用，收费方则承诺在债券的发行方出现违约的情况时负责向债券的持有方支付其所受的损失，这可以看成是一种特别的保险，持有方作为投保人向大型银行或保险公司支付保费承保未来可能的损失。一些准备在次级债衍生品方面进行投资的公司出于规避风险的考虑与保险机构达成CDS合约，保险公司同样被拉入了次贷的联络网中。

第一章　全球金融危机的起因、机理和演变过程

2. 次贷危机的传导机理

次贷本身是商业银行所提供的抵押贷款，主要承担的风险是贷款人违约所带来的损失，但是房利美等创造的债券将风险转移给了那些金融市场上的投资公司，投资公司又再次衍生出了新的金融工具，风险被它们送回了金融市场中，并扩大了受影响的机构范围，杠杆操作则加剧了次贷衍生品的发行量，CDS更是将承担风险的机构从购买各级次贷衍生品的投资机构扩展到了保险机构。至此，除了在金融市场上直接购买次级债进行投资的参与者，贷款机构、商业银行、"两房"集团、投资公司、保险公司都笼罩在次贷的阴影下。

次贷危机爆发后，贷款机构与商业银行的资产坏账率剧增，美国超过220万户退房或断供，这已经占到了美国独立房屋（又称别墅）数量的一半。房地产价格急剧下跌，房屋价值远远低于抵押时的金额，虽然房贷中已有大部分被出售，但损失依然不容忽视，商业银行开始亏损。

金融衍生品是没有系统性风险的，但是其原生性产品是存在的，尤其当衍生品的发展超过了一定程度，原生性产品出了问题，只要一瞬间，建立在此产品上的所有衍生品交易的现金流和商业信心就会完全崩溃。当房地产市场系统性风险爆发，那些由商业银行卖给"两房"的抵押贷款已经失去了其获得收益的根本。虽然大部分的抵押贷款都已经做成按揭贷款抵押证券（MBS）出售给投资公司了，但是那些信誉程度不好的次级贷款抵押证券还是有大部分积压在公司内部。危机爆发后"两房"损失惨重，濒临破产边缘。

由投资公司创造的担保债务凭证（Collateralized Debt Obligation，CDO）等金融衍生品同样失去了现实经济基础，其市场价格大幅度缩水，评级机构再次做出了令金融市场反应激烈的错误举动，它们大幅降低了各种次级抵押债券的级别，从3A级降低到3B甚至2B级。众多投资机构在短时间内抛售次级债，使得其市场价格急剧跳水，持有者信心一跌再跌，次级债券几乎成为废纸，各大投资机构损失惨重。由于位于风险程度最高同时损失最严重的股权层的债券相对销量最小，制造CDO的公司持有最多的股权层资产，这也是投资公司会在第一时间被次贷危机击倒的原因。而其他购买了CDO的投资机构，一部分运用财务杠杆承受了难以想象的亏损，另一部分由于签订了CDS信用违约互换协议，将很大一部分损失转移给了大型保险公司，而这些大型保险机构承担

金融危机对全球保险业的影响

了巨额的"保险单"。按照这些投保债券的实体经济基础——房屋抵押贷款近50%的违约情况，简单推算大型保险公司也将承担保单总额一半以上的理赔。因为风险越高的债券投资机构越倾向于投保，即使是强大到如AIG这样的机构最后也不得不请求国家帮助。商业银行、"两房"、投资银行及各投资机构与对冲基金以及保险公司近乎所有主要的金融机构都受到次贷危机的冲击！

作为国民经济水平标志的美国股市并未在次贷危机爆发后就出现剧烈动荡，道琼斯指数自2007年8月后陷入第一次下跌，跌破13000点后股指一路走高，突破14000点大关，纳斯达克综合指数与道琼斯指数走势相同，在经历了一轮下跌后走出5年内高点。美国股票市场在次贷危机初期表现温和，并没有受到太大影响。而最大的金融市场变化来自美国联邦储备委员会对于联邦基金利率的调整，2007年9月18日，美联储将联邦基金利率下调50个基点至4.75%，此后在2008年1月22日与30日两次紧急降息75个基点和50个基点，宽松货币政策已展现给市场投资者，但取得的效果微乎其微。

2008年11月15日，20国集团的领导人在"金融市场和世界经济峰会宣言"上为次贷危机的成因列举了下面的原因："在全球经济高速增长时期，资本流动性日益增长，并且此前10年保持着长期稳定性。市场参与者过度追逐高收益，缺乏风险评估和未能履行相应责任。同时，脆弱的保险业标准、不健全的风险管理行为、日益复杂和不透明的金融产品以及由此引发的过度影响，最终产生了体系的脆弱性。在一些发达国家，决策者、监管机构和管理者没有充分地意识到并且采取措施应对金融市场正在扩大的风险，未能及时实施金融革新或者未能考虑本国监管不力所产生的后果。"

二、CDO及其在次贷危机和金融危机中的作用

1. CDO的内涵和起源

担保债务凭证（Collateralized Debt Obligation，CDO），它的标的资产通常是信贷资产或债券。按资产分类它衍生出了两个重要的分支——CLO（Collateralised Loan Obligation）和CBO（Collateralised Bond Obligation）。前者指的是信贷资产的证券化，后者指的是市场流通债券的再证券化，都统称

为 CDO。

CDO 是一种固定收益证券，现金流量可预测性较高，不仅提供投资人多元的投资渠道以及增加投资收益，更强化了金融机构资金运用效率，移转不确定风险。凡具有现金流量的资产，都可以作为证券化的标的。通常创始银行将拥有现金流量的资产汇集群组，然后作资产包装及分割，转给特殊目的公司（SPV），以私募或公开发行方式卖出固定收益证券或受益凭证。传统的有资产担保的证券（Assets Backed Securities, ABS）其资产池可能为信用卡应收账款、现金卡应收账款、租赁租金、汽车贷款债权等，而 CDO 背后的支撑则是一些债务工具，如高收益的债券、新兴市场公司债或国家债券，也可包含传统的 ABS、住宅抵押贷款证券化（Residential Mortgage-Backed Securities, RMBS）及商用不动产抵押贷款证券化（Commercial Mortgage-Backed Securities, CMBS）等资产证券化商品。CDO 可以采取有限度的主动管理的权利，而传统的 ABS 则属被动经营的方式；CDO 更多的发行动机是出于套利，而非转移风险。

最早的 CDO 是由 Drexel Burnham Lambert 在 1987 年发行的。十几年后，CDO 成为快速发展的资产证券之一。2001 年 David X. Li 介绍了 Gaussian Copula Models，提供给 CDO 快速的定价方式，使 CDO 能够广泛地在市场流通，受到众多理财经理、基金经理及保险公司、投资银行和退休基金的青睐，至 2005 年全球总发行量为 6650 亿美元。在欧洲地区，该市场已经发展得十分成熟，而亚洲地区的日本，CDO 市场也从 2000 年几乎为零的发行量，发展至 2004 年的 3 兆余日元，发展速度相当惊人。由于 CDO 的利率通常较定存或是一般公债来得高，在当时的微利时代，已成为国际间相当热门的投资商品。

CDO 的发行是以不同信用质量区分各系列证券，基本上分为高级（Senior）、夹层（Mezzanine）和低级/次顺位（Junior/Subordinated）三系列。另外尚有一个不公开发行的系列，多为发行者自行买回，相当于用此部分的信用支撑其他系列的信用，具有权益性质，故又称为权益性证券（Equity Tranche）。当有损失发生时，由股本系列首先吸收，然后依次由低级、中级（通常信评为 B 水平）、高级系列（通常信评为 A 水平）承担。不过在许多文献及实例中，将次顺位债券称为股本系列，即认为 CDO 结构分为高级、中级

金融危机对全球保险业的影响

及股本系列。

2. CDO 面临的风险及其特点

CDO 作为新兴的资产证券化金融衍生品,其面临的风险既与其他证券化商品有一致之处,又有自己的特点。

(1) 主权风险。许多 CDO 的案子所收购的资产来源已不限于单一国家的贷款或债券,而将触角伸到了海外,甚至新兴市场的债权,这些外国债权的加入,带来额外的风险,此一风险即为主权风险(Sovereign Risk)。通常一牵涉其他国家,资产证券化产品所得到的评级就不会超过该国的主权评级,而其解决方式即取得一个第三人保险或保证。

(2) 违约风险。与其他资产证券化产品一样,CDO 必须考虑其资产是否会发生违约。CDO 的资产是一些债权,通常种类繁多且不易追踪与研究其风险历史,尤其是在资产池中含有新兴市场的债权时。

(3) 利率与汇率风险。CDO 的兴起源于金融机构希望赚取高利率资产与低成本资金之间的利差。此项利差之多寡可能会因资金市场的变化而产生波动。此外,债权资产与证券化所发行证券有不同的付款周期、付款日或利率调整日等差异,因而造成风险。

(4) 信用违约、汇率与利差交换合约风险。如前所述,在 CDO 的证券化过程中,经常需要与第三人订立交换合约以规避汇率与利率波动风险。因此,提供交换合约的第三人是否有充分的财务实力来履行这些交换合约会影响整个证券化的风险。

(5) 法律风险。传统 CDO 与其他证券化一样,必须将债权完全移转到信托,达到真实出售才算能够保护投资人。CDO 的交易中,债券与贷款人的移转有多种不同的程度,若是跨国交易,对于交易各方的国家法律制度更需注意,以防出错。

(6) 加速成立风险。CDO 的发行期间可分为加速成立期、再投资期及还本期,并且经常是在证券化成立后才开始收购资产。一般而言,评级结果必须在证券化的债券之前完成,才能帮助投资人从事投资,若尚未完成收购资产,则评级机构只能就投资指导原则来从事评级工作,而且投资指导原则必须有相当的约束性才能确保资产管理机构依循此原则收购资产,建立资产池。建立资产池期间所承担的风险称为加速成立风险,其情况包括两种:一种风险是资产管理人收购资产速度太慢,使投资人所缴交的资金未能尽速投资在高报酬率的标的物上,而影响投资成果;另一种风险则是收购的资产未能如预期规划地充分分散,而造成风险集中。

(7) 流动性风险。流动性风险在 CDO 与其他证券化相似,主要是因临时的现金短缺,而造成无法及时支付证券化债券的利息,其成因可能是利息收付日期不同或收付频率不一致导致的。

3. CDO 对金融危机的影响机理

回到美国次贷危机上来,由于 CDO 的存在,次级按揭贷款的风险不再单纯地保留在贷款银行内部,而是扩散到不同的金融主体。

(1) 整体次级贷款规模因为 CDO 的存在而增加。银行本来只是次级按揭贷款的贷款人,即使银行能够通过证券化将贷款转化为 RMBS,在没有将 MBS 组合成 CDO 之前,MBS 信用等级较低,很难出售。以按揭贷款为原始基础资产的 CDO 形成以后,由于其分割风险的特点满足了不同投资者需求,整体 CDO 市场非常活跃,银行能够容易地将持有的次级按揭贷款证券化,再形成 CDO 出售。这样,一方面,银行将大部分高风险次级按揭贷款从资产负债表上删除,实现了风险的控制;另一方面,银行也实现了盈利性目标。这些动机促使银行不再关注贷款实际的风险程度,而是鼓励按揭公司寻找潜在的低信用等级的借款人,不断扩张次级按揭贷款的规模,使得风险程度和风险涉及面扩大。

(2) CDO 的存在使得间接参与次贷危机的金融主体增加。CDO 实现了不同风险级别的出售,满足了不同风险偏好主体的投资要求,大量原本投资于证券的投资者进入这一市场,市场参与者涵盖了贷款银行(31%)、投资银行(22%)、对冲基金(10%)、养老基金(18%)和保险公司(19%)。

(3) CDO 的存在使得次级按揭贷款借款人和 CDO 投资者的距离越离越远,信用链过长造成了风险估计的困难。虽然评级公司通过评级能够部分地减少这种信息不对称,但是由于评级数学模型运用的困难性和评级机构本身的可靠性,往往不能给投资者提供正确的风险估计。

(4) CDO 证券的分级和增级机制之间不完全匹配。CDO 证券的级别包括优先级、中间级和股权级,所有等级的证券都对应同一个基础资产池,但具有

金融危机对全球保险业的影响

不同的收益率与风险。然而现金流分配规则要求由资产池产生的现金流先向优先级证券持有人支付利息，如有剩余，再向中间级证券持有人支付利息，再有剩余则全部支付给股权级证券持有人。损失承担规则与现金流分配规则的顺序相反：如果资产池中的信贷资产出现违约，所有损失先由股权级证券持有人承担，若其不能完全承担，再由中间级证券持有人承担，若中间级证券持有人也承担不了所有损失，则由优先级证券持有人承担。这种内部信用增级方式导致资产池的信用风险主要集中于股权级证券，因此，股权级证券的收益率也是最高的。通常优先级和中间级证券向投资者发行，需要进行信用评级，而股权级证券往往由发起人自己持有，从而不需要进行信用评级。由此，高风险、高收益的股权级 CDO 部分没有参与评级，评级所披露的等级与实际的等级不相符，导致信息失真，从而加大了风险。

低风险的 CDO 通常由贷款银行、投资银行、保险公司、退休基金等购买；信用层级较低的部分卖给对冲基金，而对冲基金通过重复买卖和杠杆借贷等一系列复杂的金融市场操作技巧将风险放大到几倍甚至几十倍，使得危机爆发后的联动效应和扩散效应更为明显（见表 1-1）。

表 1-1　不同机构参与 CDO 的形式及危机发生后受到的影响

	参与 CDO 的形式	危机发生后受到的影响
贷款银行	①向低信用等级贷款人提供贷款 ②向其设立的投资公司和其他 SPV 提供信用额度 ③向对冲基金提供以 CDO 为抵押的高杠杆贷款	①保留在银行体系内的次级贷款违约损失 ②对不同 SPV 信用额度承诺银行自身流动性，并引起银行间贷款利率上升
投资银行	①设立 SPV，发行 CDO ②设立对冲基金，用于购买相对低等级的 CDO	①保留的股权等级 CDO 损失 ②被迫出售其他资产获得现金流 ③其设立的对冲基金投资损失
评级机构	给予 MBS 和 CDO 各等级评级	评级失真引起社会信誉问题
投资者	投资于贷款银行的投资公司、对冲基金，购买保险与养老基金	投资出现重大损失

根据以上说明，可以发现 CDO 使得次贷危机波及面变大。除了危机广度的加大，CDO 也加深了危机的深度，直接表现为各个主体实际投资损失的加大。

如果次贷危机仅仅是局限在银行体系内，那么，其影响范围和深度将不会达到今天这种程度。事实上，真正在次贷危机中起关键作用的是以次级按揭贷款为基础的结构金融衍生品。CDO 市场不仅使得不同类型的金融机构成为危机的促成者，也使其成为危机的直接受害者。与此同时，由于 CDO 价值被错误估计，投资者风险和收益不对称，大量的隐藏于次级按揭贷款中的风险造成大量的投资损失。

三、CDS 及其在次贷危机和金融危机中的作用

1. CDS 的内涵及其类别

信用违约互换（Credit Default Swap，CDS），又称为信贷违约掉期，也叫贷款违约保险，是目前全球交易最为广泛的场外信用衍生品。ISDA（国际互换和衍生品协会）于 1998 年创立了标准化的信用违约互换合约，在此之后，CDS 交易得到了快速的发展。信用违约互换的出现解决了信用风险的流动性问题，使得信用风险可以像市场风险一样进行交易，从而转移担保方风险，同时也降低了企业发行债券的难度和成本。

CDS 的发行人可以粗略分为两大类：其一，保险机构，人们习惯上将 AIG 等保险机构提供的 CDS 称为准保险产品；其二，非保险机构，如对冲基金、商业银行和投资银行等发行的 CDS。人们将这种 CDS 称为信用违约互换或信用期权产品。非保险机构作为 CDS 发行人又存在以下三种不同的情况：

（1）发行 CDS 的机构为持有风险资产证券化产品的金融机构。理论上讲，风险证券持有人认为，高风险资产在整个资产证券化产品中占比过高，超过了其风险承受能力，于是为了分散风险，发行 CDS 将风险证券的违约风险分离出来转嫁给专业投资者。具体而言，投资者在购买风险证券后，发行一种具有做空期权性质的 CDS 来对冲风险。CDS 投资者对赌的是风险证券的违约比例是否超过了 CDS 所设定违约比例，若超过，则需要向 CDS 发行人赔付违约损

失；反之，CDS 投资者有权要求发行人按照约定的条款支付其对赌收益。

（2）发行 CDS 的机构即为风险证券发行人。风险证券发行人为了提高其发行的证券的吸引力和市场流动性，通过发行 CDS 给投资者，借助 CDS 投资者的信用为其证券实现信用增级。这种情况实际上是给 CDS 投资者提供了一份信用违约的做空期权。这种类型的 CDS 的特征为发行人向投资人购买信用的一种凭证，在借款人（这里指资产证券化产品标的贷款的借方）能够正常履约的情况下，CDS 发行人需要向投资人支付 CDS 协议约定的增信使用费；一旦借款人不能正常履约，CDS 投资人需要承担借款人违约所带来的损失。

（3）CDS 的发行人是非保险机构的独立第三方。它通过发行 CDS 给购买者而赚取信用息差，也就是说该发行人出售了一种期权——发行人认为风险资产的信用风险在可控的置信区间内。该种 CDS 无疑具有对赌合约特征，这个层次的 CDS 实际上如同外汇市场的 NDO（无本金交割外汇期权），是更高级的信用期权产品。

在金融危机的冲击下，无数来自全球不同地域的投资者折戟在 CDS 产品上，从而引发了全世界对 CDS 的口诛笔伐，力度之深、范围之广罕见，不少专家、学者甚至将 CDS 视作本次全球性金融危机的罪魁祸首。以下我们从 CDS 的诞生起深入探讨其究竟有何等魔力闹得满城风雨。

2. CDS 的起源和发展

（1）CDS 的起源。CDS 最初作为一种风险对冲工具，是由英国剑桥大学的女毕业生、摩根大通（JP Morgan）的全球信用衍生产品小组主管 Blythe Masters 于 1995 年所开发出来的。其功能在于对冲金融机构所持有的金融资产的信用风险，或者说将金融机构自身无法掌控的风险转移给风险承受能力更强的投资者，防止因为信用事件的发生使其金融资产遭受损失，从而实现风险的有效配置。当时主要应用于由信用卡贷款所衍生出来的一种金融衍生品，它可以被看作是一种金融资产的违约保险，也可以看作是一种信用期权合约。

CDS 以一对一的场外方式进行不公开交易，其参照实体是包括债券、银行贷款在内的债务，而国际掉期交易协会（ISDA）组织在《1999 ISDA 信用衍生品定义》中列举了 8 种可能的信用事件，包括破产、因并购产生的信用事件、交叉加速、交叉违约、降级、无支付能力、拒付债务、重组。2003 年 1 月，

第一章 全球金融危机的起因、机理和演变过程

ISDA 又公布了《2003 ISDA 信用衍生品定义》进一步完善了"1999 定义"。

CDS 是一种新的金融衍生产品，类似保险合同。债权人通过这种合同将债务风险出售，合同价格就是保费。例如，A 公司向 B 银行申请贷款，银行为了利息而放贷给公司，然而放贷出去的钱总有风险（如公司破产，无法偿还利息和本金），那么，这时候 C 金融机构出场，由 C 金融机构对 B 银行的这个风险予以保险承诺，条件是 B 银行每年向 C 金融机构支付一定的保险费用。如万一 A 公司破产的情况发生，那么由 C 金融机构补偿 B 银行所遭受的损失。

CDS 的合同一般为 1~5 年，其价格以 BP 表示，价格越高代表双方认为债券违约的可能性越大。1000 个 BP 即相当于 1 标准合同为针对 1000 万美元的债券，每年要付年保险费 100 万美元，即每年要支付债券总值的 10%。

起初，CDS 主要是帮助风险资产持有人分散风险。后来，CDS 的发行人变得越来越多元化，不仅风险资产持有人可以发行，独立第三方也可以发行针对特定债券的 CDS 产品。金融危机爆发前几年，AIG 凭借其在保险市场聚敛起的风险管控能力，开始进入 CDS 市场，为持有风险资产的投资者分散或转移信用违约风险而提供担保，从而使得 CDS 这种金融衍生品具有了保险的部分属性。CDS 交易类似于卖方向买方提供一种信用保险，然而严格意义上说，CDS 买方既可能因持有参照实体发行的债券而与参照实体存在利益关系，也可能与参照实体间没有任何关系。对于后一种情况，根据保险利益原则就不能轻易认定 CDS 为保险产品。从另一角度来看，CDS 的卖方包括商业银行、投资银行、保险公司甚至对冲基金，从主体角度更难以将 CDS 划入保险产品的范畴。

在此应该说明，在 CDS 的构造过程中，刻意突出了其与保险产品的不同，这使得保险监管当局无法对这一交易进行监管。美国在 2000 年通过的《商品期货现代化法案》又将 CDS 排除在监管范围外，使得没有金融监管机构可以对其进行有效的监督，从而 CDS 得以迅速发展，将其风险扩散至整个金融体系。

（2）CDS 的发展。一方面，CDS 这种独特的信用风险管控工具在经过了全球金融市场的实践验证后，迅速成为各大金融机构的宠儿。据 ISDA 组织公布，2001 年 CDS 的市场规模尚为 9190 亿美元，到 2007 年底 CDS 的市场规模

金融危机对全球保险业的影响

达到了62.17万亿美元，增长了97.5倍！而即使在次贷危机进一步演进为金融危机的2008年，截至当年6月，全球CDS未清偿余额仍高达54.6万亿美元。截至2008年第二季度末，CDS在美国信用衍生品市场中占到98.77%，占有绝对的支配地位。在2007年次贷危机全面爆发前，CDS参照实体违约的情况很少发生，平均违约率仅为0.2%。这使得CDS买方在花钱买心安的同时CDS卖方几乎没有风险地获得了大量的收益。

以AIG公司为例，其在20世纪80年代的总资产收益率高达4%，但随后逐年下降，到2006年不足2%。为了提高收益率，AIG开始介入CDS产品。其设在伦敦的专门从事金融衍生品交易的金融产品公司成为了CDS市场的主力玩家。这家仅有377名员工的子公司在几年内出售了未清偿余额高达5130亿美元的CDS合同。2940亿美元的CDS合同针对公司债券（占总额的58%），1410亿美元的CDS合同针对欧洲居民住房抵押（占总额的27%），780亿美元的CDS合同针对涉及次级抵押贷款的CDO（占总额的15%）。2001~2007年，这家子公司获得了极为丰厚的保费收入，不足400人的金融机构每年人均报酬超过100万美元。种种情况导致AIG忽视了对风险的控制，毫无节制地销售CDS合同，截至2008年9月底，AIG的总资产为1.02万亿美元，销售的CDS合同数额已达到其总资产的50%。次贷危机爆发后，基于次级抵押贷款的CDO、欧洲居民抵押贷款以及公司债券相关的CDS违约率全面上升，使得AIG面临极其巨大的赔付压力。

另一方面，在金融危机爆发前的10余年时间里，商业银行十分羡慕投资银行获得的巨额利润，但受困于巴塞尔资本协议中一家商业银行的资本金与风险资产之比不能低于8%的规定，严格限制了商业银行在高风险、高收益金融产品的投资。游离于监管之外的CDS成为商业银行规避巴塞尔资本协议的重要手段。商业银行可以通过支付保费，为自己账面上的风险资产购买CDS，一旦在约定时间内风险资产出现违约，出售CDS合同的金融机构将赔付商业银行的相关损失，这样风险资产就转变为无风险资产，如此银行拥有的风险资产比例便绕过了巴塞尔资本协议的监管。然而当次贷危机爆发后，由于承保金融机构同样出现问题，CDS合同不能得到赔付，则按照巴塞尔协议的约束，商业银行突然间出现资本金不足的问题，商业银行需要募集资本金或通过出售风

第一章　全球金融危机的起因、机理和演变过程

险资产以降低风险资产的比重。当所有商业银行都在市场出售风险资产时，风险资产的市场价值必然会大幅度压低，导致各方金融机构的巨额亏损。

3. CDS 对次贷危机和金融危机的影响机理

（1）CDS 的风险放大器作用。就全球金融危机的发展蔓延路径看，CDS 确实起到了风险放大器的效果。由于风险与收益本是一对孪生兄弟，CDS 在分散风险的同时也对风险资产收益进行了市场化的重新配置，因此，CDS 不仅具有风险管控的功能，而且也给市场提供了交易便利性，并能够产生现金流。但在实际操作过程中，CDS 的功能被人为地扭曲了，CDS 本只是分散市场风险的一个手段，却被投资者视为风险发生后的最终补偿环节。

由于危机之前的几年金融市场异常活跃，资产价格泡沫所产生的财富效应使得市场投资者对风险的偏好不断膨胀，大量投资者认为，CDS 本身是一个风险管控的工具，买卖 CDS 就是把风险的管控和识别职能交给了专业的风险管控机构。如此一来，投资者不再在乎其投资的产品风险有多大，反正有人在后面埋单。同时，证券发行机构也在开发风险资产中降低和忽略了对风险的基础性管控，认为只要有信用评级机构评级和 CDS 增级，风险资产能够在市场上成交就可以了，风险的管控工作已转移至 CDS 投资市场。

最终结果不言而喻——风险的管控平台被后移到了 CDS 市场，使得金融市场的整个风险管控链条发生了扭曲，即 CDS 本来属于风险系统性管控的一个环节，现在却变成了风险管控的主战场。由于证券资产的基础性风险管控工作得不到有效贯彻，而全部积压到 CDS 这一环节，致使 CDS 被动承担了远远超过自身承载能力的风险当量。

由于 CDS 本身能够产生现金流，并能提高市场活跃度，大多数金融机构过度地强调了 CDS 的这种功能，而淡化了风险管控这个原始功能。最终，CDS 变成了一种盈利工具。例如，AIG 过度地将 CDS 理解为一般的保险产品，依据保险精算中使用的"大数原则"，认为开发的 CDS 越多自身所承担的风险就越小。遗憾的是，AIG 至今可能也未能真正计算出 CDS 所担保的风险资产的违约概率。

（2）CDS 的信息高度不对称性。尽管 CDS 在全球有着难以预料的巨大市场，但其交易过程中的公允价格却无法衡量，信息不对称使得市场对 CDS 的

定价无法有效地反映风险资产的信用违约概率。造成 CDS 信息高度不对称的因素至少存在于两个层面：

其一，信用风险传导到 CDS 市场已经经历了多个环节的委托代理链条，而且 CDS 所保证的风险资产越复杂、创新层级越高，风险管控的委托代理链条就越长，风险资产发行人基础信用信息遗漏的可能性就越大。同时，CDS 对信用风险的管控，还需要依赖之前的交易环节中投资者对相关风险资产的尽职调查以及对基础性风险的管控。举例来说，次贷产品本身就存在着较为明显的信用风险，而次贷打包后的 CDO 等产品又增加了新的信用风险，这些风险资产进入 CDS 市场后，已经存在的信息多级不对称，极大地增加了对其信用互换定价的难度。

其二，CDS 市场属于 OTC（柜台交易）市场，该市场的信息屏蔽功能较强，信息获取成本相当高，这就再次增加了 CDS 交易双方的信息不对称性，导致交易者无法得到 CDS 产品的一般均衡价格。资本市场泡沫带来了不少"容易钱"，让很多投资者过高地估计了自身的风险承受能力。大量不具备相应风险管控能力和风险承受能力的投资者进入 CDS 市场，非理性的操作使得 CDS 这柄风险管控的"盾"，变成了投机豪赌的"矛"，在危机爆发后，立即转为了风险传导的扩大器。

（3）CDS 将次贷危机转移到金融体系的机理。CDS 又是如何将次贷危机转移到全金融体系的呢？就像所有的掉期交易和其他纯赌博一样，在 CDS 下一方损失，另一方则获利，CDS 只是重新分配现有的财富。因此，问题是哪一方的 CDS 将不得不支付，并且它将能够做到这点。当投资银行雷曼兄弟在 2008 年 9 月破产时，哪家金融机构将被要求履行其 6000 亿美元未清债券的 CDS 合约有很多不确定性。美林证券在 2008 年的巨额损失，部分被归因于在 AIG 停止对美林的抵押债务债券提供信贷违约掉期后，美林未避险的抵押债务债券组合价格重挫。因为其贸易伙伴对美林证券公司的偿付能力和其短期债务再融资能力失去信心，导致它被美国银行收购。

经济学家约瑟夫·斯蒂格利茨总结了信贷违约掉期是怎样促成系统性崩溃的："随着这个大规模赌注的复杂纠结，没有人可以肯定其他人甚或是自己的财务状况。当然毫不奇怪的是，信贷市场冻结。"在所有金融机构都不相信其

第一章 全球金融危机的起因、机理和演变过程

盟友甚至自身的财务状况会不受次贷危机影响的情况下,紧缩资金、减少信贷最终导致的便是无可避免的信用危机。

总而言之,CDS 确实在金融危机中有着巨大的影响,但其设计原理及其实用目的并没有问题,只是在推广过程中缺乏良好的监管,以致于成为了众多金融机构对赌的工具,在刻意地规避金融监管的意图下最终成为金融危机扩散的载体和放大器。

四、美国次贷危机对保险业的影响路径

次贷危机开始于银行或房地产抵押贷款机构贷款给自身现金很少的地产商和购房者,同时通过抵押贷款证券化将风险转移给投资银行。而投资银行本身并没有多少现金,它们需要寻找真正的投资者,这些投资者包括保险公司、基金、养老基金、金融集团等金融机构。此外,在这个过程中,保险公司还以出售担保保险的方式,为各类债务凭证(如 COD)提供保险,成为债务凭证担保人。在抵押贷款证券化的过程中,诸多权威信用评估机构,如穆迪、惠誉、标准普尔等对抵押贷款证券化做出了高质量的评级,导致保险公司轻视衍生品本身的风险,在次贷危机之前以较高价格买入了大量抵押贷款证券化产品,或是为大量债务凭证提供担保保险。

保险公司充当了"真正的投资者"和"债务凭证担保保险人"两个角色。所以,保险业巨头们因次贷危机产生的损失主要有两类:一是作为机构投资者遭受的投资损失;二是作为风险转移者支付的保险赔付。受次贷危机影响较大的保险公司也分为两类:一是债券类保险公司,如 FGIC、MBIA、Ambac 等;二是传统保险公司,如 AIG、德国安联、瑞再等。这些受损严重的保险巨头大都具有历史悠久、信誉度极高、承保规模大、资产数量大、有强烈的投资需求等特点。它们占市场份额较大,资产经过积累规模可观,投资欲望强烈。加之金融衍生产品不断创新发展和权威评级机构的乐观评级,极容易导致它们因利润驱动而放松风险识别,盲目投资。[①]

---

① 李若瑾. 次贷危机为何重创"保险业巨头"?. 中国财经报,2008-11-4.

通过金融危机发展的不同阶段，找出其作用的机理。回顾这次危机的整个过程，到目前为止，共经历了四个阶段：①

1. 次级按揭贷款及证券化产品（次贷贷款抵押债券）危机

此阶段从 2007 年 2 月 HSBC 美国附属机构报告 105 亿美元的次级按揭贷款亏损开始，一直到 2007 年第三季度末。其中包括，2007 年 4 月 2 日，美国当时最大的次级按揭贷款放款公司之一的 New Century Financials 破产；5 月，UBS 关闭在美国的次贷贷款业务机构 Dillon Read Capital Management；7 月，贝尔斯登停止客户赎回属下管理的两只次贷类的对冲基金；8 月，另一个最大的美国按揭贷款机构之一的 American Home Mortgage 破产，以及接下来的众多的金融机构报告次贷相关业务的亏损等。这一时期的危机呈现两个特点：一是问题的表现是局部性的，且局限于次贷贷款业务机构及专业性的次贷投资者。二是人们不清楚，到底都有哪些机构，持有了多少次贷相关产品；并希望从陆续公布的各公司的业绩报告中，了解更多的相关信息。

2. 流动性危机

这一阶段从 2007 年第四季度到 2008 年 3 月 17 日贝尔斯登被摩根大通收购。其间，越来越多的机构报告次贷相关产品的亏损和拨备，包括花旗集团（Citigroup）报亏 407 亿美元、瑞银集团（UBS）报亏 380 亿美元；美林证券（Merrill Lynch）报亏 317 亿美元等。另外一系列欧美银行也报告了一系列次贷相关业务亏损。这时候市场觉察到次贷的问题比原来预计的要更加严重。人们开始担心，相关的投资者如果抛出次贷类相关的资产，会导致此类资产价格的大幅度下跌。正是基于这种担心，投资机构，特别是杠杆类的投资机构，纷纷在市场上抢先抛售相关低品质的资产变现，同时，银行为修补资产负债而纷纷进行再融资。这两个行动导致了市场流动性的紧张。短期资产的流动性价差大幅度增加。这一阶段的市场也有三个特点：一是投资者一般只是抛售低品质资产套现。二是人们仍然期望美联储的降息能够很好地缓解流动性危机，从而不至于使流动性危机发展成信用危机。三是央行减息政策和相关贴现窗口的措施在一定程度上缓解了流动性，似乎对市场有所帮助。

---

① 孙昊．从次贷危机到全球金融危机：仍在演奏的四部曲．上海证券报，2008-10-28．

3. 流动性危机合并信用危机

这一阶段从 2008 年 3 月 17 日摩根大通收购贝尔斯登开始，直到 2008 年 9 月 15 日雷曼兄弟申请破产保护。贝尔斯登的被收购，使得投资者对流动性的担心迅速转变成对流动性和信用危机的双重担心。这时，人们意识到，一些深陷次贷问题的机构有可能因资产大幅度贬值和流动性问题而破产。因此，金融机构纷纷收紧信用放款，这促使面临基金赎回压力的投资机构及其他一些银行类投资者进一步抛售资产套现。这一时期的市场又呈现出以下三个特点：一是在流动性价差继续攀高的同时，各类信用价差也普遍大幅度攀升至历史的高位。二是投资者因流动性压力，不仅仅限于抛售低品质资产，也开始抛售一些通常被认为的一些高品质资产。三是市场在与政府和央行政策措施博弈中产生了恐慌和担心，投资者在两方面期盼中摇摆，市场剧烈波动。

4. 全球金融体系的危机

这一阶段从 2008 年 9 月 15 日雷曼兄弟申请破产保护开始持续数年。雷曼兄弟的倒闭，美国政府拯救雷曼兄弟的失败使得市场的信心彻底崩溃。由于短期货币市场的瘫痪，危机由金融领域急速地扩展到实体经济领域，亏损的投资主体也迅速地由专业的投资者蔓延至普通的百姓。危机的范围也由美国及主要的金融中心迅速地蔓延到全球。这一时期的市场呈现出下列特点：一是市场的功能被破坏，特别是价格发现机制失效，很多在通常有较好流动性的资产也无法定价及交易。二是美国普通的百姓，因货币市场瘫痪，货币市场基金无法定价和赎回而遭受损失。三是货币市场的瘫痪使得美国非金融类企业无法再通过短期商业票据从货币市场筹措短期资金，实体经济遭重创。四是金融的结算和支付系统受信用危机冲击，交易双方对抵押品要求急增。五是危机对全球不同地区的冲击开始显现，冰岛是一个典型的情况。

通过以上对次贷危机直接影响全球保险业的分析（见图 1-1）以及结合金融危机发展的几个阶段，可以找出次贷危机对保险业的影响路径（见图 1-2）。

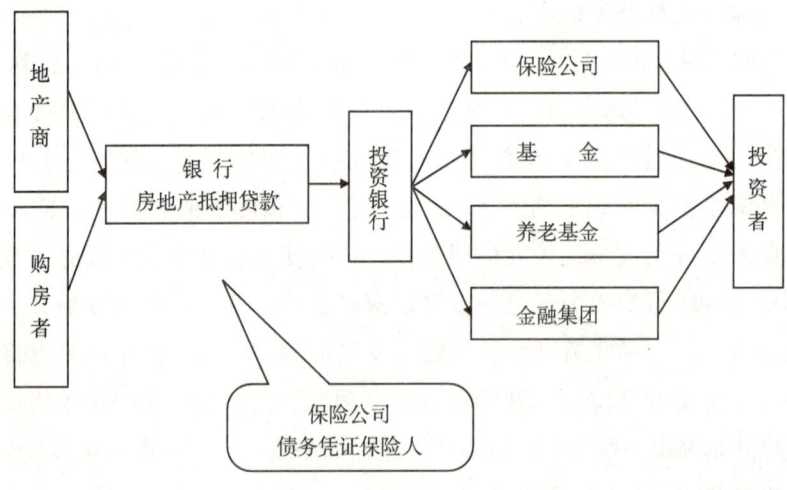

图 1-1 次贷危机传导路径

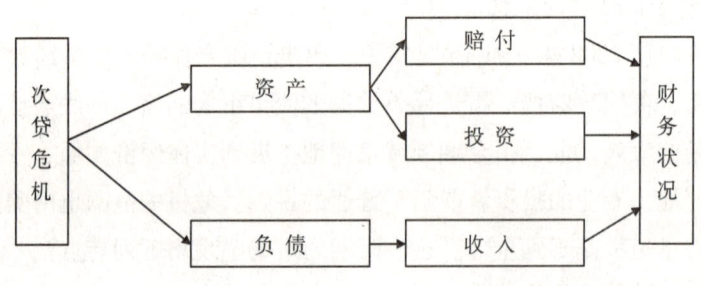

图 1-2 次贷危机对保险业的影响路径

第三节 美国次贷危机向全球金融危机演变的过程

一、次贷危机向信用危机转化

次贷及其衍生品所直接造成的损失是完全可以被美国金融业完美化解的,

第一章 全球金融危机的起因、机理和演变过程

但是造成全球经济不安的并非次贷危机本身，而是由次贷危机所引起的信用危机乃至金融危机与经济衰退。正如糖尿病本身并不可怕，可怕的是由糖尿病所引起的种种并发症。

次贷危机中贷款者大量违约，一方面，银行资产由货币转换为等待出售的抵押房产，由于房地产市场的低迷表现，人们的购房欲望急剧下跌，房产价格持续走低，作为抵押品的房产价值不断下降，房地产市场上需求严重不足使得银行无法在短时间内回笼资金，银行流动性下降；另一方面，银行本身也持有次贷债券与CDS的保险责任，银行的盈利能力下降，甚至亏损，种种原因引起的资本金不足，银行为了躲避风险开始广泛惜贷，宁愿持有超额准备金也不愿在市场上借贷。两方面作用下想在银行得到贷款的成本大幅度提升，中小企业几乎不可能得到贷款，银行业一改以往以收益为第一位的营业方针，要求以低风险的方式进行放贷与投资。市场中货币流动性减少，投资出现萎缩。

次贷危机爆发后人们对金融资产的未来收益能力预期降低，纷纷出售金融资产，普遍性出售导致恐慌性抛售出现。各类金融资产价格迅速下降，各上市投资机构的市值极度削减，投资机构的评级下降，信用度与盈利水平双双下降使得投资机构在货币市场上的融资成本上升，同时，投资机构市值的缩水加重了公司债务资产比，如不能得到资金补充流动性，公司破产的可能将扩大。公司缺少流动性资金，盈利能力下降又再一次打击了金融衍生品的现实基础；公司债券的预期价值下滑，其到期利息能否支付受到怀疑；在公司股票价格下跌的同时，各类证券化的衍生品价格也不断下跌，持有这些金融产品的公司及机构的总资产出现新一轮的缩水。

保险公司的处境一样非常困难，由于保险公司的主要资本或流动性来自于投保人的保费收入，可是在次贷危机的情况下保险公司遭受了投资损失的打击，巨额CDS合同带来了未来可能是天价数字的赔付可能，保险公司的赔偿能力遭到了投保人的质疑，退保事件开始出现。为了应对退保事件，保险公司需要大量的流动性资金保持公司信用，一旦退保不能得到合同约定的给付，退保事件就会如雪崩般将保险公司彻底击垮。然而由于货币市场上流动性不足，融资市场上投资者对经济前景信心不足，融资几乎不可能，靠公司自身已无法脱离困境。

金融危机对全球保险业的影响

由于货币市场上流动性短缺及银行业信心不足,最后商业票据市场、银行间拆借市场也受到重大影响,银行间拆借市场交易几近停止,利率水平波动明显。至此,次贷危机已经扩散至企业贷款、个人信用卡、商业地产等领域,金融投资机构与保险公司的信用与经营能力受到投资者与消费者的质疑,如果不能对现状做出改变,次贷危机或金融危机将带来不可估量的损失。

次贷危机已经完全转化为金融危机。

二、美国金融危机向全球扩散的基础及其扩散过程

1. 美国金融危机向全球扩散的基础:美元的核心地位和美国国债投资

美国经济自 2000 年后进入了全面复苏与发展阶段,为了促进经济的发展,美国政府财政赤字不断增加。同时,由于美国在信息技术等高科技产业抢占经济发展前沿,并大量进口制造业等初中级产品,因此,在国际贸易经常账户中美国同样不断扩大赤字,"双赤字"是美国经济最显著的特点。

美元作为国际货币体系中最核心的货币,在国际结算、国际储备、商品计价等国际贸易中起着极其重要的作用,因此,美国可以利用政府的货币发行权来偿还债务,美国在提高了国内消费水平的同时将美元作为一种经济扩张手段推广到全世界,由此美国以美元为借款凭证名正言顺地将别国的储蓄占为己有。

绝大多数国家尤其是发展中国家都将美元作为主要的外汇结算手段,国家持有一定量的美元作为贸易保障后需要考虑剩余美元储备的升值保值问题,各国组织的国家财富基金在世界金融市场中进行投资,以美国国家信誉为保证的美国国债当仁不让地成为首要选择。美国的大型银行、投资公司、保险公司及对冲基金所发行的股票与债券也都在首选之列。由于全球金融市场的迅猛发展,其他国家的银行与投资公司等都可以从美国买进次级债及其衍生品作为投资手段,其优异的市场盈利记录同样刺激了全世界金融机构对次债及其衍生品的需求,CDS、CDO 等衍生品以其高回报率和危机爆发前的低风险以及几乎没有监管介入等种种优势吸引各国的金融机构大量买入。就这样,在次贷危机爆发前美国通过国债与公司证券化衍生品将次贷危机的风险扩散到了全球金融市

第一章 全球金融危机的起因、机理和演变过程

场的各个角落。自 2007 年 7 月全面爆发后,美国次贷危机以迅雷之势席卷全球。

2. 次贷危机向欧洲和亚洲蔓延

作为全球第三大经济体同时也是仅次于美国的第二大全球金融中心,欧洲在劫难逃,各国金融机构纷纷爆出巨额损失,投资者信心遭受严重打击,使得欧洲各主要股市形势急转直下,市值严重缩水,同时美元的疲软令欧元汇率屡创新高。

各金融机构中欧洲银行业首当其冲,法国第一大银行巴黎银行是第一家公开宣布被卷入次贷危机中的知名银行。2007 年 8 月 9 日,巴黎银行宣布冻结旗下三只基金,原因是投资了美国次贷债券而蒙受巨大损失,此举导致欧洲股市重挫。随后包括法国在内的德国以及英国等国家的一些中小银行,甚至是全球知名银行纷纷爆出巨额次贷损失。英国北岩银行更是遭遇了百年不遇的挤兑事件,北欧小国冰岛则陷入整个国家资不抵债的尴尬境地,"国家破产"这一名词的出现更是加重了投资者对于欧洲金融市场的悲观情绪。

自 2007 年 8 月开始,欧洲遭受次贷危机蔓延,欧洲央行开始出手干预,在不断向银行注资之外开始召开财长及央行行长会议,商讨如何应对危机在欧洲的影响。

亚洲金融市场同样难逃噩梦,韩国是第一个被冲击的亚洲国家,股市大幅下跌,韩元汇价也跌至 1997 年亚洲金融危机后新低。尽管韩国外汇储备高达 2400 亿美元,但金融市场中短期流动性不足,银行信用受到严重质疑,同时韩国与美国类似存在过度借贷的泡沫。一旦韩国国内中小企业部门被金融海啸冲击,失业率上升将意味着内需减少和大量银行坏账出现,虽有一定的外汇储备,但韩国极有可能步冰岛后尘,造成财务恶化。

日本虽然在次贷危机爆发前便已整顿银行业,可也没能逃过次贷危机的波及。数据显示,日本四大银行——三菱 UFJ、瑞穗金融集团、三井住友和住友信托银行 2007~2008 财年次贷相关亏损预计达 47 亿美元,约合其预期利润的 30%。此外,日本最大证券公司野村控股株式会社单季度利润最大下滑 71%,日本股市在次贷危机初期同样遭受重创,但相对而言表现较好,只是地产股却无一幸免地"跌跌不休"。日本金融市场虽受到金融危机牵连,但由于其外汇

金融危机对全球保险业的影响

储备充足，损失在可控制范围内。

国际主要金融市场都受到美国次贷危机的波及，只是由于各国货币政策与外汇储备情况不同，国家稳定金融市场控制损失的能力也不尽相同。中国股市由于在次贷危机爆发蔓延前便已有了大幅度的调整，所以初期受影响的程度并不明显，金融市场相对稳定，国内金融机构的损失也在可承受的范围内。

3. 次贷危机蔓延与美元本位

美国次贷危机向全球蔓延的过程中令我们进一步明白了美元本位所带来的危险，各国通过购买美国国债进行外汇储备的保值增值，但国债的担保是国家未来税收，国债价值源于预期价值，预期信用却不能等同于现实信用。

同时，美元信用也不能等同于美国信用、美元发行源于政府，但中途经过私人机构，即美联储接受国债发行美元，而美联储的注册资本是由各商业会员认缴，其机构本身具有私人性；美元发行过程中，美联储在账面上记国债为债务，收取利息，对等发行美元，发行过程中成本极低却可获得收益，其不公平性明显，美元发行权合法性不足。

过度的国债规模将导致美国信用的持续危机，2006 年美国国债为 8.6 万亿美元，各州与地方债务、国际债务与私人债务共计 44 万亿美元，年息已达到 2.2 万亿美元，几乎等于美联邦全年财政收入总和。美国未来能否还清债务不得而知，美元储备不能与财富相提并论。

而通过上述次贷危机的描述及美国国债信用的介绍，也可以发现次贷形成正是国家信用被私人力量所绑架带来的后果。

在次贷危机过程中，没钱的人如何能够买到房子，即是怎么为这些信用不足的群体注入信用的？——是因为政府将房地产业视为经济发展的龙头，采取各种政策增强房地产市场持续升值的预期，因房产升值而令次级贷款者拥有了银行认可的信用。

那么，次级房屋抵押贷款又如何获得金融认可，整合发行各种次级债券呢，是谁保证了这些次级债券的信用？——主要是因为美国政府通过成立"两房"收购银行的次级贷款，将它们做成次级债进行市场发售。"两房"是背靠政府运营的，尽管其自负盈亏，但在真正出问题的情况下还是由政府最后接手，即不符合投资标准的次级债券的广泛发行是以美国国家信用为担保的。

第一章 全球金融危机的起因、机理和演变过程

那么,金融机构及众多投资者为什么会买这些次级债券,通过什么来投资次级债,危机的规模最后有多大?——在高额利润的激励下,国家营造出的房产市场蓬勃发展的大环境诱导下,经济预期一片大好,通过投资银行、保险公司、商业银行、基金及个人投资,次级债券的规模层层扩大,涉及金融机构、商业机构、产业结构、基金机构及个人,已经涵盖了社会经济体的各个部分。

本章小结

第一,本章采用大量文献材料,从理论和实证两个方面系统阐述全球金融危机的背景、起因及从美国次贷危机向信用危机转化,以及美国金融危机向全球扩散的基础和过程。

第二,美国等西方发达国家的过度消费型经济是构成次贷危机形成的实体经济重要背景。在全球经济失衡的情况下,2000年互联网泡沫破灭后,刺激国内消费成为美国经济增长的唯一选择。而房地产具有消费与投资两方面兼备的独特性质,加之房产市场对于建筑业、建材、家具及电器市场的刺激作用使得其成为美国刺激经济发展的主要领域。在刺激消费、透支信用的大环境下,通过金融衍生工具向没有信用证明、没有固定收入来源却有大量其他负债的购房者提供了大量贷款,形成了一个近乎完整的金融链条:专业机构提供次级信用贷款,投资银行发行金融衍生产品,评级机构提供信用评级保障,保险公司进行风险安全担保。在这个过程中,整个金融业笼罩在一个巨大的金融幻境中:全球经济会持续繁荣,房地产价格会只升不降,次贷产品也会只有高收益而不会有高风险,而即使有风险,也会有别人扛着而不可能轮到自己。这种相互关联、相互依存、相互依托但却谁也不愿意也不能够承担风险的金融链条本身就极为脆弱,一旦金融幻觉破灭,整个链条会立刻崩断,产品风险、产业风险、行业风险甚至系统风险就会不期而至,整体经济也就会面临难以抵御也难以把握的巨大风险。而这恰恰就是此次次贷危机演化进程的一个完整图景:一方面,次贷危机鼓励人们贷款买房,甚至是贷款买多套房,因为人们在刚开始购房时还贷的压力很小,完全可以等待房产升值后再进行债务处理;另一方

面，一旦房地产市场出现变化，房产价格增幅小于贷款利率，购房者还款压力增大，尤其对于那些信誉度不好且没有固定收入的次级贷款者只能被银行收回房产，从而推倒第一块多米诺骨牌。

第三，担保债务凭证CDO及信用违约互换CDS等金融衍生品，使得次级按揭贷款的风险不再单纯地保留在贷款银行内部，而是扩散到不同的金融主体，起到风险放大器的作用。CDO和CDS由贷款银行、投资银行、保险公司、退休基金等购买，信用层级较低的部分卖给对冲基金，而对冲基金通过重复买卖和杠杆借贷等一系列复杂的金融市场操作技巧将风险放大到几倍甚至几十倍，使得危机爆发后的联动效应和扩散效应更为明显。

第四，美元核心地位和世界各国美国国债投资是美国金融危机向全球扩散的基础。美元作为国际货币体系中最核心的货币，在国际结算、国际储备、商品计价等国际贸易活动中起着极其重要的作用，因此，美国可以利用政府的货币发行权来偿还债务，美国在提高了国内消费水平的同时将美元作为一种经济扩张手段推广到全世界，由此美国以美元为借款凭证名正言顺地将别国的储蓄占为己有。美国经济自2000年后进入了全面复苏与发展阶段，为了促进经济的发展，美国政府财政赤字不断增加，同时，由于美国在信息技术等高科技产业抢占经济发展前沿，并大量进口制造业等初中级产品。因此，在国际贸易经常账户中美国同样不断扩大赤字，"双赤字"是美国经济最显著的特点。其他国家的银行与投资公司等从美国买进次级债券及其衍生品作为投资手段，其优异的市场盈利记录同样刺激了全世界金融机构对次债及其衍生品的需求，CDS、CDO等衍生品以其高回报率，危机爆发前的低风险以及几乎没有监管介入等种种优势吸引各国的金融机构大量买入。就这样在次贷危机爆发前美国通过国债与公司证券化衍生品将次贷危机的风险扩散到了全球金融市场的各个角落。自2007年7月全面爆发之后，美国次贷危机以迅雷之势席卷全球。

第二章

金融危机对全球金融市场和实体经济的影响

本章首先以大量实例和数据说明金融危机发生后,对全球银行、证券、保险市场的巨大冲击,导致实体经济出现的问题以及各国为应对经济衰退而采取的应对措施;其次,从经济全球化造成的全球经济失衡背景下形成的过度消费型经济、过度生产型经济、过度资源供应型经济角度分析金融危机从虚拟经济向实体经济传递的深层次原因。

从此次全球金融危机的起因、机理和演变过程以及大量实例,可以看出,次贷危机第一阶段是由金融产品危机转化为房地产业危机,通过金融衍生品放大作用形成了世界范围的金融危机;第二阶段是由金融危机转化为全面的经济危机,世界各国的金融体制与监管机制遭到挑战;第三阶段是各国采取政府干预经济的措施,世界经济出现大幅波动,许多在市场经济国家中盛行已久的金融理念与发展信念被动摇,给世界经济带来重大而又持续的破坏性影响。此次金融危机可能对未来几年甚至几十年的经济发展都将产生重大影响。

第一节 金融危机对全球金融市场的影响

一、金融危机对美国金融市场的影响

多年来,美国的低利率导致了房产市场的过度繁荣,当美国政府意识到其

中的泡沫必须要挤出的时候,其采取了逐步提高利率的策略,但是仍未能避免次贷危机。在银行惜贷、居民宁愿存款也不愿消费和投资时,美国联邦储备委员会只得不断地下调各种主要利率,意图促进投资和消费(见表2-1)。

表2-1 2006年美国主要代表利率　　单位:%

利率＼月份	1	2	3	4	5	6	7	8	9	10	11	12
联邦基金利率	4.29	4.49	4.59	4.79	4.94	4.99	5.24	5.25	5.25	5.25	5.25	5.24
1年期国债利率	4.45	4.68	4.77	4.90	5.00	5.16	5.22	5.08	4.97	5.01	5.01	4.94
10年期国债利率	4.42	4.57	4.72	4.99	5.11	5.11	5.09	4.88	4.72	4.73	4.60	4.56

资料来源:根据美联储网站数据整理。

在次贷危机爆发前,美联储主要关注的是通货膨胀即经济中的泡沫,自2004年开始连续17次加息,短期利率不断上升,短期国债利率甚至已经超过了长期国债利率,美联储控制国内过热经济吸收存款的意图十分明显,这与危机之后的情形形成了鲜明对比。自次贷危机爆发后,美联储多次下调联邦基金利率,从2006年的5.25%到2008年10月29日下降到1%,这主要是由于消费者开支紧缩的严重影响,宏观经济增长已经明显放缓,各种工业投资疲软,美国出口业前景不被看好,金融危机降低了美国企业与个人获得贷款的能力,美联储希望降息可以降低贷款成本促进经济好转。

1. 基准利率调整带来的效应

由于基准利率的下调,美国国债收益率也普遍下调,其中,短期国债跌幅远大于长期国债,从表2-1中可看到在2006年短期一年期美国国债利率在5%水平上波动,而2008年11月末一年期美国国债利率跌至3%左右;2006年末十年期美国国债利率为4.5%左右,在2008年11月末跌破4%。由于在金融市场不稳定的情况下,国家信用远远大于银行与投资机构的信用,国债作为最好的避险投资手段得到了投资者的青睐,美国国债在这种避险情绪的推动下价格上涨,未来收益率下降。

2. 美国银行业遭受的损失

作为金融业的基础,美国银行业的损失可谓触目惊心。美国五大投资银行

第二章 金融危机对全球金融市场和实体经济的影响

（雷曼兄弟、贝尔斯登、美林、高盛、摩根士丹利）由于投资亏损而全军覆灭，经过破产、被收购、转型及各种市场操作之后美国已经没有了真正意义上的投资银行；同时，破产的储蓄银行资产规模不断刷新纪录，甚至连花旗银行这样的巨无霸都一度濒临绝境。

2008年11月23日，美国加利福尼亚南部两家银行宣布破产。美国2005～2007年仅有3家银行破产，2008年前11个月银行破产数已增加至22家，2008年全年美国倒闭的银行总数为25家。破产银行数量猛增表明了金融危机下美国金融业面临的艰难处境，房贷违约和缺乏资金是导致储蓄银行破产的直接原因。由于对房价下跌和贷款违约增加的预期，虽然前面已经提到美联储不断下调基准利率，希望缓解经济下滑或刺激金融业复苏，但美国现有储蓄银行的前景不容乐观。

作为金融危机冲击不断加深的2009年，欧美银行业仍处于危机的阴影之下。房价下跌、经济衰退、金融和信贷市场动荡等一系列因素，使美国金融体系变得异常脆弱。金融危机导致的美国金融机构流动性严重不足，致使美国破产银行数量激增。美国联邦存款保险公司（FDIC）于2009年12月18日宣布又关闭7家银行，加州第一联邦银行61亿美元的资产由OneWest银行接管。2009年，美国破产银行总数已经上升至140家。其中，2009年10月，新增破产银行数为20家，高于2009年前9个月月平均破产水平10.6家。2009年是自1992年以来，美国破产银行数量最多的一年。

正如联邦储蓄保险公司主席希拉·贝尔预计的，2009年底前美国银行破产案继续增加，并在2010年达到顶峰。据美联社报道，截至2010年4月，在贷款违约数量不断攀升的情况下，美国破产银行总数增加到42家。

3. 美国股市面临的冲击

在次贷危机转变为金融危机后，美国的股市未能保持其在2007年的表现。标准普尔500指数在2008年暴跌38.5%；美国道琼斯工业平均指数在2008年从历史最高点14140点下跌到最低的7552点，跌幅超过了46%；纳斯达克综合指数从年中2500多点一路跌至1320点附近，跌幅同样超过47%。股市暴跌预示着美国又一次经济衰退的到来。而作为美国近邻的加拿大2008年7月初到10月初的3个月内加元下跌了14.52%，加拿大股市TSE300指数下跌 34.04%。

在金融危机冲击下的 2009 年，美国股市以自 2003 年以来最大涨幅结束了当年的交易。在 2009 年内，美国三大股指均实现了大幅上涨。其中，标准普尔 500 指数上涨了 23.5%；道琼斯工业平均指数上涨了 18.8%，收复 10500 点；纳斯达克综合指数上涨了 43.9%，达到 2300 点，已经逼近次贷危机爆发前的水平。投资者对于经济复苏及来年盈利前景的乐观，成为了美国股市上涨的最大动力。进入 2010 年后，美国股市各指数依旧保持上涨势头，这既有美国企业实际盈利能力超过预期的因素，也有美元持续走弱增强美国出口业复苏预期的原因。

美国保险市场最大的变动莫过于 AIG 的资不抵债，从以往美国家庭保险支出来看，经济萧条并不会对保险费用的支出产生较大影响，此次金融危机下之所以美国保险公司爆出巨额亏损，多是因为投资损失与高额 CDS 合同的拖累，实体业务并没有出现大量亏损。但为了偿还政府提供的一系列贷款与维持公司的持续运营，AIG 不得不出售旗下资产与业务。

二、金融危机对欧洲金融市场影响

与美国类似，其他国家或地区受金融危机波及的央行都纷纷将存款利率下调以促进投资与消费。2008 年 11 月，欧洲央行将存款利率从 5 年来的最高点 3.25% 降至 2.75%，英格兰银行也将存款利率从 2006 年最高点 5% 下调到 3%。

1. 欧洲银行受到的影响

欧洲银行普遍受到了金融危机的影响，如法国四大商业银行因次贷危机遭受的损失总计近 170 亿欧元。其中，3 家银行出现了资金短缺问题，但是欧洲央行及各国央行纷纷表示绝不会让任何一家银行破产，欧洲各国都做好了紧急援助方案。所以，尽管欧洲银行也承受了巨额损失，但银行市场中没有出现恐慌的情绪。

第二章　金融危机对全球金融市场和实体经济的影响

2. 欧洲股票市场遭到的冲击

表 2-2　2008 年 7～10 月欧洲各国主要股指跌幅　　　　单位:%

国家	股指下跌百分比
英国富时 100 指数	27.28
德国 XETRADAX 指数	27.93
法国 CAC40 指数	24.93
俄罗斯 TRSI 指数	61.36
冰岛 OMXI15 指数	29.12

资料来源:《华尔街时报》网站。

从表 2-2 中可以看出,欧洲主要国家经济体股票市场纷纷暴跌,俄罗斯股市下跌幅度还"暂时"创下历史之最,之所以"暂时",是因为冰岛的存在。令人瞩目的冰岛 OMXI15 指数在 2008 年 7 月初到 9 月仅下跌 29.12%,但是在经过休市 3 天后冰岛股市在 10 月 14 日重新开盘后遭遇暴跌,单日最高跌幅一度达到 77%。若从冰岛股市的历史最高点算起其累计跌幅惊人地超过 90%,冰岛从俄罗斯手中轻松地夺走了全球股票市场跌幅榜冠军。

在股票市场纷纷暴跌的同时,世界各国货币的汇率也发生了天翻地覆的变化。一些受金融危机影响严重的国家货币汇率大幅下跌,是由于这些国家货币已经不再像金融危机爆发前那么值钱了。在这些国家金融资产纷纷贬值,储蓄与证券的收益率大幅度下跌。当然,在一些没有受到金融危机沉重打击的国家,货币会出现升值的态势。

作为国际货币体系的核心,美元在此次危机爆发后止住了之前的贬值趋势,其与大多数货币的汇率不断上升,这也可以看出在危机蔓延的情况下投资者与机构开始更多地持有美元。在 2008 年 7 月初到 10 月初的三个月内,欧元兑美元下跌了 14.99%,英镑兑美元下跌了 13.78%。最惨的还是冰岛货币克朗,截至 2008 年 10 月,在欧元下跌的前提下其对欧元的汇率下跌了近 30%,与一年前相比,克朗对人民币的汇率下跌了 50%,冰岛成为本次金融危机最大的牺牲品。

金融危机对全球保险业的影响

进入 2009 年后,欧洲股市普遍开始回涨。英国富时 100 指数上涨 18.66%,德国 XETRADAX 指数上涨 19.79%,法国 CAC40 指数上涨 17.51%,而在 2008 年创下全球股市跌幅最大的俄罗斯则在 2009 年摇身一变为全球股市涨幅第一,俄罗斯 TRSI 指数创下年涨幅 128.62% 的惊人成绩。尽管各国股市均有回升,但距离 2007 年的股市高峰阶段尚有较大差距,经济已有复苏态势。

货币汇率方面,由于期望以低汇率来拉动经济复苏,2009 年年中欧元对美元汇率稍有回落,但由于欧洲债务危机的影响,欧元走势一直较弱,经合组织认为欧元贬值 10% 左右将会有助于提升欧洲经济,又不至于对美国等发达国家带来较大冲击。

3. 欧洲保险业遭受的影响

标准普尔信用评级公司表示由于所涉及的次贷衍生证券较少,全球保险业凭借良好的定位可能经受住此次金融危机的考验,并表示欧洲和太平洋地区保险业资本充足率很高,所持有次贷较少,保险业受次贷影响相关损失预期将占总资本的 1.3%,但寿险业预期损失将超过总资本的 5%。尽管有人对保险业持消极观点,但只要保险公司资本实力和流动性保持较好水平,在此次金融危机中平稳渡过不是问题。

欧洲市值第二大的保险公司安联集团在 2008 年第三季度亏损 20 亿欧元,虽然已经优于此前的市场预期,但由于金融市场动荡,安联公司表示 2010 年前恐怕都不能达到预期的盈利水平。在 2007 年的第三季度,安联集团有着近 19 亿欧元的净利润,集团除去停业部门外的持续经营部门在 2008 年第三季度的运营收入由 2007 年同季的 219 亿欧元降至 211 亿欧元,盈利也从 26 亿欧元降至 16 亿欧元。

瑞士第三大保险商瑞士人寿 2008 年 11 月 12 日公布其第三季度保费收入减少了 11%,为 30.8 亿瑞士法郎,公司预期已无法达到全年的利润目标,股份回购计划也已叫停。更大的打击来自苏黎世资产管理公司将瑞士人寿的股份预期从 233 瑞士法郎降至 73 瑞士法郎,市场上对于瑞士人寿的盈利能力预期下降。

由于 2008 年全球股市萧条的影响,各保险公司的投资收入受到严重冲击,甚至严重亏损。荷兰国际集团(ING)在 2008 年第三季度首报亏损,净损失

4.78亿欧元,主要是由于股票和债券、资产减记等抵消了公司的收入;2007年同季度的净盈利为23.1亿欧元,但之后接受了荷兰政府100亿欧元的现金注资使得集团的资本充足率保持在较高水平。但集团表示由于资产价格(公司股票价格)压力将影响公司业绩,2008年度亏损达到10亿欧元。而在2009年,ING决定拆分银行与保险业务,最终全年实现盈利7.48亿欧元。

三、金融危机对亚洲金融市场影响

1. 利率方面

作为世界第二大经济体,日本经济在2006年后已经出现了复苏趋势,但金融危机的爆发再次令日本经济回到了原地踏步的境地。日本央行原本已经考虑结束自2000年以来的零存款利率,但是在金融危机的波及下,只能继续保持下去。

2. 货币汇率方面

日本银行业同样在这场金融危机中遭受了损失,但在国家承诺下银行出现破产的可能很小,货币市场基本保持稳定。

在货币汇率方面,中国与日本成为这次危机中表现最稳定的两个国家,人民币与日元兑美元汇率分别上涨了0.12%与6.78%,因为美元针对其他主要货币的升值,这两种货币对欧元等货币的升值幅度更大。而亚洲其他国家汇率纷纷下降,韩国韩元下跌了23.62%,印度卢比下跌了11.36%,澳大利亚澳元下跌了32.73%,新西兰新西兰元下跌了21.10%,南美洲部分国家货币也有超过30%的跌幅。

3. 资本市场方面

亚洲各国股市也都不同程度受到全球股市震荡影响,其中,日本日经指数跌幅较大(见表2-3),但作为与美国经济联系更紧密的南美部分国家股市跌幅超过60%。

金融危机对全球保险业的影响

表 2-3 2008 年 7~10 月亚洲各国主要股指跌幅　　　　　　单位:%

国家	股指下跌百分比
澳大利亚澳交所 200 指数	19.70
日本日经指数	36.66
韩国综合指数	13.73
印度 SENSEX 指数	24.40
中国上证综指	30.43

资料来源:《华尔街时报》网站。

2009 年,日本日经指数年度上涨 19.04%,澳大利亚澳交所 200 指数上涨 31.15%,印度 SENSEX 指数上涨 81.86%,中国上证综指上涨 79.80%,亚洲各国主要股市在当年普遍上涨,且涨幅较大,与之相对应的人民币及日元对美元的汇率在 2009 年稳中有升,金融危机对于亚洲金融市场的冲击已被分散消化大半。

在金融风暴的影响下,保险公司的市值不可避免地要遭受损失,但退保现象大多发生在分红险、投连险等投资型保险,而保险的风险回避与保障本质使得保费收入没有出现大量减少。虽然保险公司大多爆出亏损,也主要是由于资产与投资部门的损失,保险业整体并未真正进入寒冬。

日本大和生命保险公司在 2008 年 10 月宣布破产,成为日本第一家受美国金融危机拖累而破产的金融机构。大和生命保险公司拥有价值 101.3 亿美元的个人保单账户,公司负债总额约 27.3 亿美元。对于破产原因,大和生命的社长中园武雄的解释是"由于全球金融市场动荡,公司所持有价证券跌幅超出预想"。大和生命保险公司是日本保险业规模较小的公司,高度负债的独特商业模式导致了它的破产,但其破产使市场迅速出现了恐慌情绪,日本中央银行在大和生命保险破产当天便紧急向金融市场注资超过 450 亿美元,保险业在金融稳定方面的作用由此可见。

第二章　金融危机对全球金融市场和实体经济的影响

四、金融危机对金融机构的影响

1. 美国"两房"集团

此次金融危机中美国金融机构遭受了最严重的打击，往日看来坚不可摧的金融巨头纷纷倒下，尽管美联储与美国政府不断出手救市，但仍难以达到预期的效果。欧洲虽然也有金融机构陷入困境，但在欧洲央行和各国央行的联手救助下大部分都可继续运营下去。

最先受到次贷危机打击的是美国的"两房"集团——房利美（联邦国民抵押贷款协会）与房地美（联邦住房抵押贷款公司）。"两房"集团的主要业务都是在美国办理住房抵押贷款，也就是在按揭贷款的二级市场中收购贷款，通过向市场上的投资者发行机构债券或证券化的按揭抵押债券，其中就包含着次级债，利用较低的成本集资赚取利差。

房利美 1938 年成立于华盛顿特区，在 2007 年的统计中其资本额为 8825 亿美元，年营业额为 448 亿美元，市值约为 440 亿美元，但 2007 年房利美的净利润便已亏损了 20 亿美元。

房地美则在 1970 年成立于维吉尼亚，成立后的公司口号就是"使人们拥有房产成为可能"。2007 年房地美的资本额为 267 亿美元，年营业额为 431 亿美元，当年净亏损接近 31 亿美元。这样一个员工人数超过 5000 人的公司在次贷危机爆发后便濒临破产了。

2008 年 9 月 7 日美国政府为了维持房贷市场与金融市场的稳定宣布以高达 2000 亿美元的代价接管了房地美与房利美，"两房"集团由独立的自营企业转变为国营企业，而且美国政府新成立的联邦住房金融局成为了"两房"集团的监管单位。自 2008 年 9 月接管"两房"集团至 2010 年 4 月，美国政府注入"两房"集团的救助资金已经高达 1450 亿美元，而根据美国国会 2010 年 4 月 29 日披露的一份资料，2009 年美国新提出的住房止赎案达 280 万件。而 2010 年之后的情况仍在继续恶化。2010 年第一季度，住房止赎案超过 93.2 万件，同比增长 16%。美国房产市场状况近来虽有所好转，但尚未完全走出谷底，为避免房产市场继续恶化，美国政府可能将继续为"两房"集团输血。

金融危机对全球保险业的影响

2. 美国五大投资银行

（1）雷曼兄弟（Lehman Brothers）。如果要评选次贷危机发生后被提及最多的金融机构，那么雷曼兄弟必定摘得榜首。雷曼兄弟创办于1850年，是一家国际性金融机构及投资银行，主要业务包括证券、债券、市场研究、证券交易业务、投资管理、私募基金及私人银行服务。雷曼兄弟公司雄厚的财务实力使得其在所从事的业务领域处于领导位置，是全球最具实力的股票、债券承销和交易商之一。公司还担任全球多家跨国公司和政府的重要财务顾问，拥有多名业界公认的世界最佳分析师。雷曼兄弟环球总部设在美国纽约时代广场，三个地区总部分别位于英国伦敦、中国香港和日本东京，在世界48个城市设有办事处，中国的北京和上海均有雷曼兄弟的办事处，在2008年初公司拥有员工21900人。2007年在美国《财富》杂志"财富500强公司"中名列第132位，是美国第四大投资银行，其2007年公司年营业额超过590亿美元。在次贷危机大范围爆发后雷曼兄弟的财务受到重大打击，单季度亏损达到39亿美元，公司股价从2008年初的60美元迅速暴跌到不足1美元。虽然经过了大规模裁员与寻求外部资金注入，但在美国财政部、美国银行和英国巴克莱银行相继放弃收购后，雷曼兄弟于2008年9月15日宣布申请破产保护，其负债总额高达6130亿美元，创下美国历史上最大金融机构破产案。这家已经营了158年的老牌公司画上了句号。

（2）贝尔斯登公司（The Bear Stearns Companies）。贝尔斯登公司成立于1923年，总部位于纽约，是美国第五大投资银行，全球500强企业。作为全球领先的金融服务公司之一，其致力于为全世界政府、企业、机构和个人提供服务，主要业务涵盖股票、债券、投资银行业务、资产管理及个人银行业务等，2007年营业额为161.5亿美元，全球拥有约14500名员工。贝尔斯登不是资产规模最大的投资银行，但在次贷危机爆发前几年却是华尔街最赚钱的投资银行。在2003年，贝尔斯登的税前利润超过了高盛和摩根士丹利，成为全球盈利最高的投资银行。有着85年历史的贝尔斯登经历过美国多次经济萧条，最终还是在次贷危机中濒临破产而被收购。

2008年3月贝尔斯登公司股价出现巨幅下跌，由3月12日的收盘价61.58美元急跌到3月17日的收盘价4.81美元，3月17日当天盘中最低达到

2.84美元，与2007年的最高值159美元相比简直天壤之别。最终美国摩根大通公司在3月24日收购了贝尔斯登公司，继雷曼兄弟的后尘只存在于尘埃中了。

（3）美林证券公司（Merrill Lynch）。美林证券公司是美国乃至世界最大的证券零售商和投资银行之一，成立于1914年，总部同样位于纽约。公司在曼哈顿四号世界金融中心大厦占据了整个34层楼，美林集团在世界逾40个国家经营，除了传统的投资银行和经纪业务外，还提供共同基金、保险、信托、年金和清算服务。作为世界顶级金融管理咨询公司之一，它在财务世界里占有重要的地位，其2006年营业额为705.9亿美元，拥有56300名员工。

美林集团前身创办于1885年，1914年改名为美林证券，其成立初期仅仅专注于投资银行业务，20世纪60年代开始转型为一家以经纪业务为主的证券公司，成为全美经纪人最多的证券公司。2006年美林投资管理公司与贝莱德公司合并，美林集团占有合并后的贝莱德49.8%的股份，贝莱德管理的资产规模都已超过1万亿美元，其金融实力可见一斑，但在2008年9月14日被美国银行以440亿美元并购，世界最大的券商从此只在历史中出现了。

作为仍能保持独立运营的剩余两大投资银行高盛与摩根士丹利则无奈地做出了它们从没有想过的改变。它们稀释了现有股东的权益，改写了公司章程，摇身一变成为了商业银行控股公司。传统银行业务向来是他们不屑一顾的蝇头小利，尽管在2008年9月16日两家公司还认为他们能安全渡过危机，不必做出巨变，但残酷的现实迫使它们不久后做出此非同寻常之举。

（4）摩根士丹利（Morgan Stanley）。摩根士丹利财经界俗称"大摩"，一家1935年成立于美国纽约的国际金融服务公司，提供证券、资产管理、企业合并重组和信用卡等多种金融服务，在27个国家的600多个城市设有代表处，雇员总数达50000人。由于投资者认定摩根士丹利将成为第四个陷入绝境的美国投资银行，公司股价受到了重压，短短一周下跌了60%，但由于公司大幅冲减了不良资产，管理层也实事求是地对危机做出了反应。其转型为银行控股公司后，也可以利用更多的美国联邦储备委员会资金。但投资者的担忧并没有完全消除，金融危机下摩根士丹利前行困难重重。

（5）高盛集团。在其他四大投资银行都纷纷倒下时人们仍然相信高盛集

金融危机对全球保险业的影响

团会成为华尔街上最后的堡垒。这家成立于 1869 年，全世界历史最悠久、规模最大的投资银行之一，总部设在纽约，并在日本东京、英国伦敦和中国香港设有分部，在 23 个国家拥有 41 个办事处，向全球提供广泛的投资、咨询和金融服务。

即使是这样一家可以说是金融世界中恐龙级的公司在金融危机中也难独善其身。高盛集团在 1999 年上市，正如《华尔街日报》的评论，"高盛：十年繁华成一梦"，上市的 10 年成为了高盛集团失落的十年。高盛股价在 2008 年 11 月跌破了 53 美元，那是它在 10 年前首日上市时的价格，这是从 2007 年 5 月每股 230 美元一路溃败下来的。尽管在次贷危机爆发前便先知先觉地对次债进行了做空处理，但围绕高盛业务模式、未来盈利能力以及整体经济形势的质疑越积越多，而且银行业和经济的持续低迷使得公司的股价也是直线下落。

高盛集团在 2007 年 4 月次贷危机前的市值为 990 亿美元，截至当年第三季度，高盛的 2007 年奖金总额为 169 亿美元；但在 2008 年 11 月其市值已经缩水到 210 亿美元，至于奖金，恐怕是一种奢望了，至少高盛的 7 位高管已经表示要放弃 2008 年的奖金了。尽管已经转型为传统银行，这样可以获得联邦储备委员会的资金帮助和联邦存款保险公司对客户账户的保护，这提高了高盛继续运营的风险规避能力，然而也限制了公司在一些获利丰厚但风险较高领域的经营策略。例如，高杠杆借贷进行交易、经营地产业务等。虽然高盛公司股票在跌破发行首日价后开始上扬，但是若想在这场金融危机之后独立经营下去，无论是高盛还是摩根士丹利都要制订新的公司管理计划了。

但金融危机对于高盛的影响还没有结束。2010 年 4 月 16 日上午，美国证券交易委员会（SEC）对高盛集团及其副总裁托尔雷（Fabrice Tourre）提出证券欺诈的民事诉讼，称该公司在向投资者推销一款与次级信贷有关的金融产品时隐去关键事实，误导投资者。SEC 指控托尔雷对这起欺诈案负主要责任。高盛在当天回应，否认所有指控并表示要积极抗辩，维护公司声誉。

SEC 的指责称，高盛在 2007 年初设计并销售了一款基于次级房屋抵押贷款债券（RMBS）的复合型担保债权凭证（Synthetic CDO），而当时美国房市和与其相关的证券均已经开始显示出走软的迹象。SEC 表示，高盛未能向投资者披露该 CDO 的关键信息，特别是一家大型对冲基金保尔森基金公司

第二章　金融危机对全球金融市场和实体经济的影响

(Paulson & Co.)在组成 CDO 的次级房屋抵押贷款债券挑选中扮演了重要角色,更严重的是保尔森基金公司已经选择做空这款 CDO。

为这项交易,保尔森基金公司 2007 年向高盛支付了约 1500 万美元的设计和营销费用,但这笔交易给其带来高达 10 亿美元的收益,而这全部是由这一款 CDO 的投资者埋单的。受高盛欺诈事件影响,美东时间 2010 年 4 月 16 日 16 时,道指数下跌 125.91 点,收于 11018.66 点,跌幅 1.13%,创自 2010 年 2 月初以来单日最大跌幅;纳斯达克综合指数下跌 34.43 点,收于 2481.26 点,跌幅 1.37%;标准普尔 500 指数下跌 19.54 点,收于 1192.13 点,跌幅 1.61%。高盛蒙受了金融危机爆发以来的最大单日跌幅,高盛股价收盘下跌 12.7%。高盛欺诈门消息一经传出,期货商品包括石油、黄金、糖等价格立即下跌,基准原油期货下跌了 2.8%,至每桶 83.15 美元;最活跃的 6 月期金收低 2%,收于每盎司 1136.9 美元;7 月铜下跌 2.4%,收于每磅 3.5355 美元;5 月糖下跌 5.3%,收于每磅 15.95 美分。高盛集团最终可能会支付高额罚款,就 SEC 针对该公司的欺诈诉讼寻求达成和解。

美国五大投行,一家破产倒闭,两家被收购,两家在转型为传统储蓄银行控股公司后独立经营,至此,美国已经没有真正意义上的投资银行了。

3. 美国国际集团与花旗银行

作为美国金融危机救助计划中"死不得"的两大金融机构——美国国际集团(American International Group, AIG)与花旗银行(Citi Bank)得到了美国政府的巨额注资,以走出破产困境。

(1)美国国际集团(AIG)。美国国际集团的创始人于 1919 年在中国上海成立了集团的前身公司美亚保险公司,是极少数起源于中国的美国公司之一,其与中国渊源深厚。1921 年友邦人寿保险公司成立,这是第一家向中国人民提供寿险产品和服务的外国公司,2006 年友邦保险获得中国保监会的批复,可以在广东省和江苏省开展业务,并可通过国内各分支机构经营团体保险业务。

金融危机爆发前美国国际集团为一家以美国为基地的国际性跨国保险与金融服务机构集团,总部设于纽约的美国国际大厦,同时在英国伦敦、法国巴黎、中国香港均设有地区总部。作为世界保险和金融服务的领导者,其业务遍及130多个国家或地区。美国国际集团拥有最大的工商保险机构与最顶尖的人寿保险机构，同时，其金融服务业务包括飞机租赁、消费者信贷业务、退休金管理服务等。美国国际集团拥有世界上最大的飞机租赁公司，该飞机租赁公司通过购买客机并将其出租获得收益，这样，航空公司可以在不扩大固定资产投资的基础上通过租用飞机扩展业务。美国国际集团所拥有的空客系列从A319到A380，号称仅次于美国与俄罗斯的"世界第三空军"，在2008年6月末其出租资产总值约为550亿美元。此外，美国国际集团拥有全球消费者信贷（信用卡）业务和全美首屈一指的退休金管理服务机构，作为个人与大型企业投资管理市场中的翘楚，其还可以为客户提供专业的股票、定息证券、地产及其他投资管理服务。美国国际集团的股票在纽约、伦敦、巴黎、瑞士、东京的股票市场均有上市。2007年集团年营业总额为1100亿美元，税前盈余为89.43亿美元；2008年其员工人数为11.6万人，其全球客户数量达到7400万。在2008年度《福布斯》杂志的全球跨国企业名单中，美国国际集团在全世界排名第18位；自2004年4月8日起一直都是道琼斯工业平均指数的成分股，直到次贷危机发生于2008年9月22日被除名。

　　美国国际集团自次贷危机爆发后承受了巨额的损失，由于股票市场上的恐慌性抛售，其股票价格从100美元以上下跌到几十美分。2008年9月由于标准普尔将美国国际集团的信用评级下调导致其股票在一天内暴跌61%。之所以受到次贷危机如此大的影响是由于过去的数年内，美国国际集团一直是信用违约掉期市场的主要卖方，公司向遍布全球的数十家金融机构和公司出售这一金融衍生品，买方包括华尔街的投行、欧洲银行和其他投资公司。由于在信贷市场膨胀时期美国国际集团认为这些类似保险的信用违约掉期风险较低，能带来大笔收入，故承担了大量的信用违约掉期合同。次贷危机爆发后，美国国际集团提供的违约掉期的许多抵押贷款证券和公司价值缩水，同时标准普尔与穆迪投资者服务公司下调了集团的信用评级，这些导致了美国国际集团超过300亿美元流动性的损失。由于美国国际集团在2008年6月30日共为高达4410亿美元的债券提供了信用违约掉期，这些债券包括公司债券和抵押贷款担保证券等，如果集团破产，其提供的债务保险会随之消失，这可能会导致诸多银行因收不回贷款遭受巨额资产冲减，引发整个信贷市场更为剧烈的振荡，金融市

第二章 金融危机对全球金融市场和实体经济的影响

场将会受到毁灭性打击，因此，美国国际集团是"死不得"的庞然大物！

为了救助美国国际集团，美国政府通过提供 850 亿美元的 12 个月贷款获得美国国际集团的 79.9% 的认股权证，但问题的严重远远超过了美联储的预期，美国国际集团宣布 2008 年第三季度亏损 245 亿美元，是 2008 年早些时候创下亏损纪录的 3 倍以上，之后美联储又连续两次追加借款，总额达到 1500 亿美元。有了政府的支持，美国国际集团仍需出售旗下资产以免遭破产厄运。

2008 年 12 月 1 日，美国国际集团将旗下的财富管理业务——AIG 私人银行（AIG Private Bank Ltd.）出售给在阿布扎比上市的投资公司阿尔巴石油投资公司（Aabar Investments PJSC），作价 2.79 亿美元。12 月 22 日，美国国际集团将从事机械相关保险业务的 Hartford Steam Boiler 以 7.42 亿美元（5.31 亿欧元）的现金出售给全球最大再保业者——慕尼黑再保公司（Munich Re）。

2009 年 1 月 13 日，美国国际集团以 3.08 亿美元出售旗下加拿大人寿保险业务给蒙特利尔银行的母公司——BMO Financial Group。5 月 11 日，其以 12 亿美元现金，出售位于东京都千代田丸之内的总部大楼给日本生命保险，大楼高 15 层，有 35 年历史，占地面积约 0.4 公顷。6 月 11 日，其以 1.4 亿美元现金，出售位于纽约曼哈顿的总部大楼给韩裔开发商 Youngwoo & Associates 和韩国锦湖综合金融公司。美国国际集团总部大楼建于 1932 年，共有 66 层，面积大约为 7.2 万平方米。另一幢计划出售的办公楼共有 16 层，面积大约为 2.6 万平方米。

2009 年 6 月 25 日，美国国际集团将旗下的墨西哥消费者金融子公司出售给 Desarrollo de Negocios Integrados SA 和 Inversiones DNI SA。交易条款未予以披露，被出售的子公司包括 AIG Universal SA 和 Markcenter Services。获得纽约联邦准备银行批准，美国国际集团将推动旗下两家国际部门的首次公开发行（IPO）计划，由此募得资金可减少政府援助基金 250 亿美元。该两家预备进行 IPO 的子公司美国友邦保险以及美国人寿的股权将先转至特殊目的机构，而纽约联邦准备银行将可获得 160 亿美元的友邦保险优先股和 90 亿美元的美国人寿优先股。

2009 年 6 月 29 日，美国国际集团将旗下的俄罗斯消费金融业务子公司 98% 的股权，出售给法国标致雪铁龙的子公司 Banque PSA Finance SA；7 月 1

日，出售旗下的台湾友邦国际信用卡公司——AIG Credit Card Co（Taiwan）Limited 予远东国际商业银行。

2009 年 9 月 6 日，美国国际集团将旗下的投资咨询和资产管理的部分业务，以 5 亿美元售予盈科拓展集团（Pacific Century Group）的子公司宝桥融资有限公司（Bridge Partners LP）。出售给宝桥融资的单位，业务遍及 32 国，管理约 887 亿美元的机构和零售业客户投资。美国国际集团将收到 3 亿美元现金。

2009 年 8 月，中国建设银行（亚洲）以总代价 48.6 亿港元向美国国际集团全面收购旗下的美国国际信贷香港公司——AIG Finance（Hong Kong）。而已发出及新发行的信用卡，将由美国国际集团易名为中国建设银行（亚洲）财务。

2009 年 10 月 13 日，中策集团和博智金融控股（Primus Financial Holdings Limited）结成的联盟以 21.5 亿美元收购美国国际集团旗下南山人寿 97.57% 股权。

2010 年 3 月 1 日，英国保诚与美国国际集团达成共识，以 355 亿美元（2769 亿港元）收购友邦保险（AIA）的业务。根据交易条款，保诚集团将支付 250 亿美元现金、20 亿美元优先股和 85 亿美元股票及其他证券。

2010 年 3 月 8 日，大都会人寿保险以 155 亿美元收购美国国际集团旗下第二大海外寿险子公司美国人寿保险公司（American Life Insurance Co.），收购代价分两部分：一是 68 亿美元以现金支付；二是 87 亿美元以公司普通股和可转换优先证券支付。

（2）花旗银行。与总资产规模超过 2 万亿美元的花旗集团相比，美国国际集团难免也要相形见绌。作为全球卓越的金融服务公司，花旗集团在全球 100 多个国家为近 2 亿客户提供广泛的金融产品服务，从消费银行服务及信贷、企业和投资银行服务至经纪、保险和资产管理，非任何其他金融机构可比拟。即使是在 1997 年亚洲金融危机与 2001 年阿根廷金融危机和反恐战争等一系列重大事件下，其他 1000 家银行总体盈利水平分别下挫 14.9% 和 29.7% 的情况下，花旗集团仍达到 3% 和 4.5% 的增长，显示了花旗金融体系非凡的抗风险能力。花旗集团目前是全球公认的最成功的金融服务集团之一，不仅是因其在全球金融服务业盈利最多与成长速度最快的企业中连续占据领先地位，更

第二章　金融危机对全球金融市场和实体经济的影响

由于它是世界上全球化程度最高的金融服务连锁公司。每位客户到任何一个花旗集团的营业点都可得到储蓄、信贷、证券、保险、信托、基金、财务咨询、资产管理等全能式的金融服务，平均每位客户的产品数在全球同行企业中排名第一，因此，花旗集团的客户关系服务网络是花旗不可估量的一种资源。花旗银行董事长桑迪·维尔就曾骄傲地说："这个网络是我们唯一拥有的真正有竞争力的优势，不管你到世界任何一个地方，你都可能找到一家花旗银行的机构可以为你服务。"总部位于美国纽约的霍兰德基金公司创始人兼董事长迈克·霍兰德指出："毋庸置疑，花旗集团属于那种'大到不能倒闭'的公司。"

花旗银行，全球最大金融服务公司，近 200 年的老牌企业，在金融风暴中也难以独善其身。在 2008 年 11 月 20 日花旗股价一天内重挫 26%，市值 3 天缩水 1/3，2008 年全年股价跌幅约 84%。至此，花旗市值从 2006 年的 2740 亿美元下跌到 200 亿美元，甚至少于美国政府对其的注资值，曾经是美国银行业排名第一位的花旗集团现在已经沦为了第五大银行。《纽约时报》分析说，市场恐慌主要来自未知因素。当住房抵押贷款、信用卡贷款以及商业贷款状况均可能恶化的情况下，银行业可能继续亏损。虽然花旗管理层以及大股东已经相继采取了一系列措施，希望恢复投资者信心，包括裁员 5.2 万人、削减 20% 开支以及增持股份等。自 2007 年至这轮裁员，花旗银行雇员人数已经从最多时候的 37.5 万人减少将近 20%。除了裁员，花旗银行还通过出售其在海外的分支机构来缓解金融危机造成的压力。在美国首批 3500 亿美元的救市计划中，花旗银行获得了 250 亿美元的国家注资。然而，这些利好消息似乎难以冲抵市场对前景的担忧。鉴于日益严峻的市场形势，花旗集团只好向政府求援。《时代周刊》的一篇关于花旗银行的文章介绍，实际上花旗银行现在手上还有 1000 亿美元的现金。它真正出现问题的资产大概才 800 亿美元，所以，实际上花旗银行并没有资不抵债，当时只是说大家对它信心不足，美国政府如果真要投钱的话完全可以把它救活，而且美国政府只要出一部分作为缓冲，高盛与摩根士丹利都是花旗银行的潜在收购者，毕竟 2 万亿资产与 2 亿客户都是不可忽视的资产与影响，美国政府没有理由不救助这个动一动就会影响世界金融业的巨头。

金融危机对全球保险业的影响

2008年11月24日,美国财政部、联邦存款保险公司等向花旗集团注资450亿美元,同时,两者对花旗集团房屋抵押贷款、商业房地产贷款在内的总计3060亿美元债务提供担保,美国政府取得7.8%股权,跃居单一最大股东。政府的注资成为支撑花旗银行度过这次金融业寒冬的最大助力。

在2009年,花旗集团采取了一系列的行动:1月12日,摩根士丹利、花旗宣布成立新合资公司——"摩根士丹利美邦公司",其将成为全球最大证券经纪公司;1月16日,花旗集团宣布把业务一分为二,花旗集团将拆分为"花旗银行"和"花旗控股"两部分,花旗银行将保留集团在100多个国家的传统银行业务,花旗控股则将纳入一些"非核心"的资产管理、消费金融业务,主要包括Citi Financial、Primerica金融公司和"摩根士丹利美邦公司"49%的股份等及花旗在日本的子公司日兴花旗控股和Nikko资产管理公司;5月1日,花旗集团决定以5450亿日元(约55亿美元)出售旗下的日本第三大的证券公司日兴柯迪证券(Nikko Cordial Securities)给三井住友金融集团;7月30日,住友信托银行以756亿日元(7.95亿美元)收购花旗集团持有的日兴资产管理公司64%股权;10月9日,花旗集团以2.5亿美元出售旗下能源交易部门Phibro给美国第四大石油公司西方石油(Occidental Petroleum);11月25日,加拿大蒙特利尔银行(Bank of Monteral)同意收购花旗集团(Citigroup Inc.)旗下的Diners Club North American特许资产,从而拥有了在美国和加拿大独家发行Diners信用卡的权利;12月15日,花旗集团与政府达成协议,偿还200亿美元贷款,脱离政府的监管,财政部获利130亿美元。

花旗集团经过2009年的市场操作已经重新回到了正常运营的轨道上。

4. 欧洲金融机构

欧洲金融机构是美国次级债券及衍生品的主要海外市场交易对象,众多银行与金融保险机构纷纷爆出损失。由于因次贷危机导致基金市值劲减、股市缩水、金融市场信用紧缩流动性下降,次级债市场的动荡已经扩展到普通公司债市场,投资者信心开始动摇,但欧洲央行和各国央行为了保证欧洲经济的稳定不能允许美国金融机构的惨况在欧洲重现,欧洲各国联合欧洲央行对出现危机的金融机构提供低息贷款,增加市场上的流动性。欧洲多国总理、央行行长与欧洲央行执行委员等多次强调,不允许任何一家欧洲银行破产——即便是已面

第二章 金融危机对全球金融市场和实体经济的影响

临国家破产的冰岛也将资不抵债的银行国有化——这样都是为了避免因金融机构破产导致欧洲经济形势出现恶劣转变。

欧洲金融机构中具有代表性的应为诺森罗克银行。该银行是英国第五大按揭贷款机构，占英国贷款市场的 18.3%。

2007 年，诺森罗克银行因次贷危机导致国际融资市场出现停滞，难以取得资金支持其业务，为了维持银行体系的稳定，英格兰银行决定介入，注资诺森罗克银行以解决流动资金短缺的危机。

2007 年 9 月 14 日，诺森罗克银行股票价格一度下跌三成，出现挤兑现象，各分行门前排满等待提款的储户。大批储户向诺森罗克银行各网点或通过网络服务提款，由于登录人数太多，银行网站的服务器无法负荷，网上存取款服务严重受阻。9 月 17 日，该公司股价再跌四成，储户挤兑持续。财政大臣达林提出保证诺森罗克银行小储户的全部存款。次日在存款获得保证后，诺森罗克银行挤兑稍为舒缓，其间储户共提走 20 亿英镑的存款，相当于诺森罗克银行存款的 8%，而股价亦回升 16%。10 月 19 日，诺森罗克银行董事长里德利辞职，由前保柏及渣打银行董事长桑德森接任。

2008 年 2 月 18 日，英国财政大臣达林宣布诺森罗克银行将被暂时国有化，英国著名的保险机构劳合社（Lloyd's of London）的前"舵手"桑德勒接掌国有化后的诺森罗克银行。

5. 日本金融机构

全球的另一主要经济体与金融中心——日本，由于其多年来一直在进行银行不良资产的剥离，居民的储蓄率远高于美国与欧洲，所以尽管在日本出现了大和生命保险的破产，但其金融市场基本面没有大的变化。

日本中央银行——日本银行，2008 年 9 月 11 日发表《金融系统报告》表示，美国次贷危机不会对日本金融系统的稳定产生太大影响。日本银行的报告称，日本大型银行及地方银行所持有的有价证券中，组合债和国际投机基金等高风险产品所占比例只有 3%～4%。虽然一些银行在美国次级贷款的相关产品上有投资，但这类投资的规模在其总资产中所占比例都比较小。报告认为，日本银行整体来说自有资金充裕。随着自身实力的不断增强，日本金融系统已经具备了抵抗风险的能力。

日本从之前十余年的惨痛经历中获得了对泡沫经济及其后果的深刻认识。由此而形成的较为保守、谨慎的经营理念，使得日本的金融机构对高负债、高杠杆的运作模式以及高收益、高风险的金融衍生品持有一种警惕态度。除了所持美元国债缩水，日本金融机构购买的次债资产在发达国家金融机构中是最少的。根据 2008 年 1 月的统计数字，日本共持有 140 亿美元的美国次债，其中商业银行占 63 亿美元。根据 IMF 在 2008 年 10 月 7 日公布的统计数字，全球金融系统的损失约为 14050 亿美元（如当时按 1 美元 = 90 日元换算的话，约合 126 兆日元）。而截至 2008 年 9 月末，日本 4 家大型金融机构的总损失额约为 1.39 兆日元，仅占全球金融系统总损失额的约 1.1%。

五、美国政府的救市措施

面对如此严峻的金融形势，即使是一向崇尚自由化市场的美国也不得不通过财政与货币政策大手笔救市。

国家救市的手段分为财政政策与货币政策两大类型。财政政策指由财政部、中央银行等机构向金融市场中出现问题的机构提供紧急贷款、存款保险等增加市场上的流动性，或通过减税、免税等手段使得居民家庭可用收入增加，进而促进消费（手里的钱多了，花销自然也会增多，但消费支出增加的份额只有收入增加份额的一部分而不是全部）。货币政策指中央银行通过改变银行存款准备金率、存贷款利率、汇率、公开市场操作等手段增加市场中的资金流动性（银行的存款准备金率降低则可用于房贷的资金增加）和促进居民家庭对家庭资产结构进行改变（如降低利率会促使居民家庭减少存款、增加投资性支出，如股票、债券等）。在此次金融危机中各国的救市措施既包括财政政策也包括货币政策。

1. 宏观财政政策与货币政策

2008 年以来美国财政货币当局积极救市，稳定了金融市场的决心，下面列举自 2008 年初之后美国所进行的各种救市措施：

2008 年 3 月 11 日，美联储宣布向银行和投资银行提供上限 2000 亿美元的援助贷款，同时允许这些机构以高风险的抵押贷款证券作为借贷抵押品，美国

第二章 金融危机对全球金融市场和实体经济的影响

政府开始向金融市场输入流动性资金。

2008年3月18日，美联储降息0.75个百分点。

2008年4月30日，美联储再次降息0.25个百分点。

2008年5月2日，美联储宣布提高对银行机构的贷款额度，并允许银行以信用级别更低的资产进行抵押。传统商业银行可以在流动资金不足时向国家央行贷款，但必须按照规定提供抵押品，提高贷款额度与降低抵押品信用级别使得商业银行更容易获得央行贷款。

2008年7月30日，美国总统布什签署法案，允许政府相关机构提供总额3000亿美元的贷款，支持陷入财务困境的购房者获得条件更优惠的抵押贷款，此法案目标在于刺激疲软的房地产市场。

2008年9月19日，美国财政部提供500亿美元资金，对货币市场基金提供短期流动性支持。

2008年9月29日，美联储向全球其他央行提供3300亿美元，截至此时，美联储已经通过货币互换协议向其他国家央行提供了6200亿美元。与此同时，美联储将面向美国金融机构的短期贷款上限提高到2250亿美元。

2008年10月3日，美国总统布什正式签署了7000亿美元的金融救援计划。

2008年10月6日，美联储将针对银行的短期贷款额度提高到1500亿美元，同时，美联储表示将对银行的存款准备金支付利息。

2008年10月7日，美联储表示将从机构手中购买短期债务凭证，主要是商业票据，目的是激活已出现疲态的短期融资市场。

2008年10月8日，美联储降息0.5个百分点，美国基准利率已降至1.5%。同日，美联储决定向美国国际集团再提供378亿美元，政府对其注资总额超过1200亿美元。

2008年10月21日，美联储表示将提供5400亿美元的融资，保持货币市场共同基金的流动性。

2008年10月29日，美联储降息至1%，这达到了1958年来美国基准利率的最低水平。

2008年11月25日，美国财政部和美联储宣布将再拨出8000亿美元用于

金融危机对全球保险业的影响

帮助美国信贷市场恢复正常运行。其中，6000亿美元用于收购包括房利美和房地美在内的政府支持房贷机构发行的债券或是担保的房贷支持证券。此外，美联储公布将针对消费信贷市场的2000亿美元融资计划，这笔资金将用于向某些符合条件的证券持有者提供无追索权贷款，融资方案意图在于重新激活信贷发放，促进消费信贷回暖。

2009年2月18日，美国总统奥巴马签署通过7870亿美元振兴经济方案，即日起正式生效，借由减税、扩大公共建设与社会福利、补助地方政府等措施来振兴经济，并期望之后2年创造350万个工作机会。

2. 针对部分企业和机构的救助措施

美国政府在采取宏观财政政策与货币政策的同时，也对部分企业与机构伸出援手，支持其通过并购重组等手段渡过难关。

2008年3月16日，美联储提供290亿美元资金给摩根大通公司支持其收购华尔街五大投行之一的贝尔斯登。

2008年7月11日，美国银行监管机构接管破产银行IndyMac，美国联邦储蓄保险公司耗资数十亿美元补偿储户损失。

2008年9月7日，美国财政部接管房贷融资巨头房利美与房地美，为此政府提供了高达2000亿美元的救助资金，"两房"集团被国有化。

2008年9月16日，美联储再次向金融系统注资700亿美元，用以缓解信贷紧缩。同一天，美联储向陷入破产危机的世界保险巨头美国国际集团提供第一笔850亿美元资金。

2008年10月14日，美财政部说明将使用7000亿美元金融救援资金中的2500亿美元购买银行股权，其中，1250亿美元将注入美国9家大型银行，它们分别为花旗集团、富国银行、摩根大通、美国银行、高盛集团、摩根士丹利、道富银行、纽约梅隆银行与美林公司。同日，美国联邦储蓄保险公司称其将对规模1.4万亿美元的银行间借贷市场资金拆借提供短期担保。

2008年11月10日，美国财政部和美联储将对美国国际集团的援助资金额度提高到1500亿美元。

2008年11月12日，美国财政部表示政府金融救助重点将不再是购买银行的问题资产，而是集中向银行注资。

2008年11月17日，美国财政部将向除去已注资的9家大型银行外的21家银行提供336亿美元资金。截至此时，美政府已经向30家银行注资1586亿美元。

2008年11月23日，美国财政部在提供250亿美元的援助资金基础上，再次对花旗集团注资200亿美元。同时，美国财政部和美国联邦储蓄保险公司还将共同为花旗银行约3060亿美元的不良贷款和证券提供担保。

2009年3月2日，美国财政部及联邦储备委员会再提供给美国国际集团300亿美元资金援助。

六、全球各国携手救市和其他措施

美国的救助计划不仅仅针对国内，为了保证国际金融市场的稳定，美国联系了世界各主要金融大国同时开展救市行动。"两房"机构被接管、雷曼兄弟倒闭、华尔街五大投资银行成为历史使得世界金融市场来到了"悬崖边"，全球各国纷纷注资救市，欧亚各国迅速出台措施增加市场资金流动性，全球各国央行携手共同应对金融危机。

2008年10月，各国纷纷采取财政与货币政策进行第一轮全球救市行动。

2008年10月7日，俄罗斯政府宣布将向银行体系注入9500亿卢布。

2008年10月8日，英国政府宣布英伦银行将提供2000亿英镑短期信贷额，增加银行的资金流动性。同日，日本央行向短期金融市场注资1.5万亿日元。10月10日，日本央行再次注资，其总额达到4.5万亿日元。

2008年10月12日，欧元区15国通过3000亿欧元救市计划。

2008年10月13日，德国政府推出总额高达5000亿欧元的救市计划；法国政府推出3600亿欧元融资计划；荷兰政府承诺将向荷兰金融部门拨款200亿欧元帮助保险公司在内的所有荷兰的金融企业；瑞典央行向银行业大幅注资；爱尔兰政府将为本土银行存款和债务提供2年担保，用以消除市场对银行系统即将崩溃的担心；英国政府执行银行拯救方案，向三大银行注资370亿英镑，使得三大银行部分国有化，确保了银行系统的稳定。

2008年10月14日，澳大利亚政府宣布了一项高达73亿美元的救市计划。

金融危机对全球保险业的影响

澳大利亚总理陆克文表示，政府将为澳大利亚金融机构的所有存款提供为期3年的担保，同时，承诺为住房抵押贷款融资领域注入40亿澳元资金，稳定房贷市场。韩国政府也宣布将动用2400亿美元的外汇储备救市，涵盖所有银行及金融机构。

在货币政策方面，各国央行有史以来首次携手共同降息。2008年10月8日，全球6家主要央行——美国联邦储备委员会、欧洲央行、英国央行、瑞士央行、加拿大央行和瑞典央行联合宣布将基准利率下调50个基点。几天之后，美国为了支持其他国家积极救市，同时也为了向全球银行体系提供流动性，美联储宣布将无限制提供美元给英格兰银行、欧洲央行和瑞士国家银行，这使得以上央行可以无限制地借贷美元给各国商业银行增加市场中的流动性资金。

第一轮救市刚刚告一段落，随着20国集团金融峰会与APEC峰会召开，新一轮对抗金融危机的全球救市行动再次启动。除去美联储的8000亿美元救市方案，欧盟也批准2000亿欧元经济激励计划。

美联储的8000亿美元救市方案我们在前文已经说明内容，欧盟的2000亿欧元，约合2600亿美元经济激励计划主要包括扩大公共开支、减税和降息三大举措。救助计划中的300亿欧元将由欧盟筹措用以配合成员国的行动，其余1700亿欧元是欧盟各国分别采取经济刺激计划所需要的总额，平均下来每个欧盟成员国需要拿出相当于国内生产总值1.2%的资金用以振兴本国经济。

在欧盟公布2000亿欧元救市计划之前，2008年11月21日，法国总统萨科奇宣布法国将建立一项总额200亿欧元的战略投资基金，用于保护法国企业应对经济衰退并防止企业为外资收购。挪威政府在当月23日也宣布将拨款500亿挪威克朗，约合70亿美元，用于为出口企业提供信贷担保。欧盟各国扩张性财政政策不断推出，投入资金总额屡创新高。

在货币政策方面，2008年10月29日起全球央行再次掀起降息潮，首先中国、美国、挪威宣布降息，随后韩国、瑞典等国宣布降息。12月4日，欧洲央行再次降息0.75个百分点至2.5%，这是欧盟自成立10年来最大幅度降息。市场分析人士纷纷认为，主要经济体的情况会继续恶化，所以欧美等国的救市政策与措施不仅仅要保证已公布的政策顺利执行，新的救市措施也会随着金融市场与实体经济的变化逐步提出。

七、金融危机对中国金融机构的影响

几十年来中国经济持续高速增长、居民家庭高存款率及次贷危机爆发前国有商业银行剥离不良资产等许多因素使得中国金融系统在本次世界金融危机中虽也遭受了一定损失,但并没有受到根本性影响。博鳌亚洲论坛秘书长龙永图说,中国金融部门在金融危机中可能遭受的损失在100亿美元左右,占全球1.5万亿美元总损失中不到1%的份额,只是中国金融市场、资本市场很小的一部分。中国资本市场目前并没有完全开放,有一个很高的"防火墙",中国金融市场、资本市场仍然稳定。

1. 中投公司

要介绍中国金融机构在金融危机中的损失就必须提到中投公司。中国投资有限责任公司,简称为中投公司,成立于2007年9月29日。它是经国务院批准设立的国有大型投资公司,其资金来源于中国的国家外汇储备,成立初期注册资本金2000亿美元,是全球最大主权财富基金之一,目前业务以境外金融组合产品投资为主。2007年5月,中国即将成立的中投公司与美国著名资产管理与金融咨询服务公司黑石集团达成30亿美元的投资意向,中投公司购买黑石股票的成本约为每股29.6美元,并承诺在4年内不予出售。同年12月,中投公司宣布将购买50亿美元摩根士丹利可转换股权单位,其到期后可转为普通股,全部转换后中投将持有不超过9.9%的摩根士丹利公司股份。

自中投公司投资黑石集团后,其股价一直处于下降过程中。截至2008年11月10日,黑石集团公布其第三季度亏损5.09亿美元,股价报收于7.57美元。中投公司的30亿美元投资已经缩水了22亿美元,账面亏损超过了75%。而截至2008年11月,摩根士丹利股价已跌破20美元,自中投入股以来股价已经累计下跌超过50%,这也意味着中投公司的50亿美元已经蒸发至少25亿美元。根据中投公司公布的2008年年报,2008年中投公司境外投资的全球组合回报率为-2.1%。

2. "两房"集团债券的投资机构损失

美国"两房"集团债券一直是国内商业银行的投资重点,在2008年国内各银行发布的中期报表中，中国建设银行集团持有"两房"集团相关债券账面价值32.5亿美元；中国工商银行持有的"两房"集团债券账面价值27.16亿美元，相当于其全部资产的0.2%；中国银行持有的"两房"集团债券账面价值最高，约为106.3亿美元；招商银行、中信银行等也持有部分"两房"集团股份。进入下半年后中国工商银行已经将持有的"两房"集团债券减持到21.7亿美元，中国银行持有的"两房"集团债券也已减持到75亿美元。在持有"两房"集团债券规模对比中，中国银行为亚洲众多金融机构之最，在2008年6月底已经对"两房"集团资产计提损失19亿美元，但这可能不是最后的损失数字。中国工商银行、中国建设银行表示在"两房"集团债券方面没有出现整体亏损，招商银行与交通银行则略有盈利。中国国际金融有限公司首席经济学家哈继铭发布的报告中称中国国有商业银行持有的"两房"集团债券总计上千亿美元，但只有约100亿美元的亏损，主要是次级债券和在美国政府接管"两房"集团前过早出售的差价损失。

3. 雷曼兄弟破产造成的机构投资损失

"两房"集团被美国政府接管我们需要计提损失，那么破产的雷曼兄弟又令国内的金融机构亏了多少呢？

当中国各大银行公布持有雷曼兄弟相关资产具体数目后，人们发现雷曼兄弟破产对中国银行业的影响远比预期要小。从银行公告看，中国7家上市银行：中国建设银行、中国工商银行、中国银行、交通银行、招商银行、中信银行、兴业银行合计持有雷曼兄弟相关资产数量约为7.2亿美元，远低于雷曼兄弟破产初期市场的预估。其中，建设银行持有雷曼兄弟债券规模最大，共持有相关债券1.914亿美元，这些债券约占建设银行总资产的0.019%。在其持有的债券中高级债券1.414亿美元、次级债券0.5亿美元，根据破产原则，高级债券将被优先偿还，因此，建设银行如果发生损失其实际损失可能也只有5000万美元。中国工商银行持有的雷曼兄弟债券和与雷曼信用相挂钩债券总额为1.518亿美元，占工行总资产的1‰，仅为其2008年上半年税后利润的1.6%，且其中1.39亿美元债券为高级债券。中国银行对雷曼兄弟的贷款余额为5000万美元，对其子公司的贷款余额为320万美元，此外中国银行集团共持有雷曼兄弟相关债券7562万美元，如此中行对雷曼兄弟的风险资本总额为

1.2882亿美元，占中行总资产的0.01%。交通银行共持有雷曼兄弟相关资产7002万美元，占其总资产的0.02%。招商银行持有雷曼兄弟债券共计7000万美元，其中高级债券占6000万美元。中信银行、兴业银行所持有的雷曼兄弟资产相对较小，影响不大。虽然各银行所持有的雷曼兄弟资产缩水在所难免，但由于其中大部分债券为高级债券，各银行损失比例并不会很高。中国建设银行、中国工商银行与中国银行将是国内商业银行中亏损较大的银行，雷曼兄弟破产后的资产处理过程将很长，具体的亏损数字可能要在几年后才能计算出来。

中国平安、中国人寿、中国太保、人保财险、中保国际五大保险巨头均未投资雷曼相关债券，因此，在雷曼兄弟破产的泥坑中全身而退。

4. 中国平安投资富通公司的损失

在2008年10月6日中国平安发布公告将对富通集团股票投资中约合人民币157亿元变动为损失，2009年4月中国平安对富通投资追加计提70.9亿元，达到227.9亿元。富通集团是荷兰、比利时和卢森堡低地三国最大的金融机构之一，同时也是欧洲最大的金融机构之一，在金融危机中同样遭遇了巨大损失。中国平安总共投资于富通集团人民币238.7亿元，虽然进行了大幅度减值，但是公司资本金充足，财务与偿付能力稳固，没有对公司各种业务的发展形成障碍。2008年中国平安净利润同比缩水高达97.52%，由2007年的192.19亿元大幅降至4.77亿元，基本每股收益由2007年的2.61元降至0.04元。尽管净利润同比出现大幅下降，但公司的业绩基础是稳固的，集团偿付能力在300%以上，平安寿险偿付能力在180%以上，平安银行的资本充足率在10%以上。

在2008年7月，中国保监会主席吴定富表示，截至2008年6月底，偿付能力不足的保险公司为12家，比年初增加2家，其中个别公司偿付能力严重不足。由于证券市场的大幅波动，保险公司投资账户发生了较大幅度缩水，导致综合收益亏损，有的甚至高达几十亿元、上百亿元。

除上述提及的金融机构外，我国证券公司在2008年上半年49家公司中仅有8家出现亏损。

5. 中信泰富的投资损失

2008年10月20日,中信集团旗下的中信泰富召开新闻发布会。会上中信集团主席荣智健表示,由于中信泰富的财务董事越权与中国香港数家著名的银行签订了金额巨大的澳元杠杆式远期合约导致已经产生8亿港元的损失。

中信泰富的公告表示,有关外汇合同的签订并没有经过恰当的审批,其潜在风险也没有得到评估,所以已终止了部分合约,剩余的合同主要以澳元为主。公司管理层表示,会考虑以三种方案处理手头未结清的外汇杠杆合同,包括平仓、重组合约等多种手段。

荣智健在发布会上称该事件中集团财务总监没有尽到应尽的职责。他同时宣布,财务董事张立宪及财务总监周志贤已提请辞职,并获董事会接受,而与事件相关的人员将会受到纪律处分。

由于这笔合约的期限为两年,当时对于交易带来的损失还没有确切的数字统计。荣智健说如果以当时的汇率市价估计,这次外汇杠杆交易可能带来高达147亿港元的损失。但是也有分析人士认为,如果未来澳元汇率上升,这起外汇交易产生的损失有可能减少。

八、金融危机后中国采取的相应措施

金融危机后,中国本就跌幅惊人的股票市场迎来了又一轮下跌,同时货币市场由流动性过剩转为不足,信贷市场低迷,中国政府开始尝试各种政策振兴国内金融市场。

1. 振兴国内金融市场的措施

2008年4月24日,财政部、税务总局决定将股票交易印花税税率由3‰下调至1‰,但未达到预期效果。

7月14日,《人民日报》利用一个整版篇幅探讨"全力维护资本市场稳定运行",利用主流媒体舆论增强市场投资者信心。

9月16日,央行下调一年期人民币贷款基准利率0.27个百分点,其他期限档次贷款基准利率按照短期多调、长期少调的原则进行相应调整,存款基准利率保持不变。

第二章 金融危机对全球金融市场和实体经济的影响

9月19日，由于之前出台的政策未能起到预期的提振市场信心作用，政府采取了更加直接的措施：印花税政策调整，由双边征收改为单边征收，税率保持1‰不变；由中投公司买进三大上市商业银行股票；支持央企回购本身上市股份。

10月8日，央行决定自2008年10月15日起下调存款类金融机构人民币存款准备金率0.5个百分点（存款准备金率指银行吸收到的存款需按照央行规定上交央行保管的比例，其值的高低决定了银行在吸收存款数固定的情况下发放贷款的能力），从2008年10月9日起下调一年期人民币存贷款基准利率各0.27个百分点，其他期限档次存贷款基准利率进行相应调整。

10月8日，国务院决定自2008年10月9日起对储蓄存款利息所得暂免征收个人所得税，目前的储蓄存款利息所得税税率为5%。

11月26日，央行宣布从2008年11月27日起，下调存款类金融机构一年期人民币存贷款基准利率各1.08个百分点，其他期限档次存贷款进展利率相应调整，同时下调央行再贷款、再贴现等利率。从2008年12月5日起，下调商业银行等大型存款类金融机构人民币存款准备金1个百分点，下调中小型存款类金融机构人民币存款准备金率2个百分点。此次降息为央行自1997年来一年期人民币贷款基准利率最大降幅，同时是央行自1999年来人民币存款基准利率最大降幅。此次降息与降低存款准备金率是在配合国务院提出的4万亿元投资计划，因为投资资金有相当部分将是由银行系统来提供，此次大幅降息除了配合全球联手救市外，还标志着央行货币政策转型，适当宽松的货币政策已经开始正式实施。

2. 保持经济增长的措施

金融危机发生前我国的主要宏观经济问题是社会通货膨胀率过高，股市与房地产市场泡沫现象严重，宏观控制方向是控制通胀增长。金融危机波及我国后，经济增长速度开始放缓，而一直高高在上的消费价格指数已经自动回落，宏观调控方向转变为保持经济增长速度。

在金融危机愈演愈烈的情况下，中国政府开始采取措施果断救市，于2008年11月9日出台总投资额共4万亿元人民币的"十大"救助计划。

2008年11月5日国务院总理温家宝主持召开国务院常务会议，会议认

金融危机对全球保险业的影响

为,近两个月内世界经济金融危机日趋严峻,为了抵御国际经济环境对中国的不利影响,应实行积极的财政政策和适度宽松的货币政策,扩大国内需求,加快民生工程、基础设施、生态环境建设和灾后重建,调高城乡居民特别是低收入群体的收入水平,促进经济平稳较快增长。

扩大内需,促进经济增长的十项措施:一是加快建设保障性安居工程;二是加快农村基础设施建设;三是加快铁路、公路和机场等重大基础设施建设;四是加快医疗卫生、文化教育事业发展;五是加强生态环境建设;六是加快自主创新和结构调整;七是加快地震灾区灾后重建各项工作;八是提高城乡居民收入;九是在全国所有地区、所有行业全面实施增值税转型改革,鼓励企业技术改造,减轻企业负担1200亿元;十是加大金融对经济增长的支持力度。经过初步计算后,实施上述十项措施工程建设,到2010年底约需投资4万亿元。

2008年12月,中国政府宣布"家电下乡"的财政补助方案,为了对抗金融危机所造成消费性电子产品外销需求急速衰退,扩大内需市场,全国非城镇户口居民购买彩色电视、冰箱、移动电话与洗衣机四类产品,按产品售价13%给予补贴,最高补贴上限为电视2000元、冰箱2500元、移动电话2000元与洗衣机1000元。

2009年2月6日,中国政府宣布"汽车下乡"的补助方案,参考"家电下乡"的财政政策,让非城镇户口居民购买汽车可以获得人民币3000～5000元的补贴。规划第一阶段为2009年3月1日至12月31日,总共安排50亿元对农民报废三轮汽车和低速货车换购轻型载货车以及购买1.3升以下排量的微型客车,给予一次性财政补贴。结合中央、地方政府各出补贴、厂家实行优惠、银行给予贷款贴息的综合模式至少可以拉动150万辆的汽车消费。

在欧美国家纷纷将救助资金用于救助受困金融机构时,中国政府迅速确定救助计划,不但增强了人们对金融市场及实体经济的信心,而且与欧美国家向金融机构注资不同,中国主要的投资将用于刺激实体经济,区别于欧美国家的救急救难,中国更多的是防患于未然,即本次的投资刺激计划是在经济出现下滑信号时推出的,目的是防止经济下滑趋势的形成。

第二节　金融危机对全球实体经济的影响

一、金融危机对美国实体经济的影响

金融危机对实体经济的影响可以从以下几个方面来考虑：一是筹资困难，银行不愿意向企业提供贷款，实体经济的运行规模不可避免地会受到负面影响，公司在利润下降时为了继续生存下去不得不裁员。二是投资需求下降，从银行贷款越来越难，人们不愿意投资，新企业开工受到抑制，现有企业扩大生产规模的积极性不高，自然也不会有太多新的工作岗位提供。三是消费萎缩，失业人群增加导致社会消费总支出减少。对于没有失业的人来说，工作机会的竞争越来越激烈，失业的可能性被不断放大，自己短期内的收入可能只降不升，用以投资股市和基金的钱将会越来越少，人们不由自主地捂紧了钱包，市场消费总量必然减少。

美国前总统布什在2008年12月5日表示，在当天公布的11月失业率显示美国经济正处于衰退中，这是布什首次正式承认美国经济陷入衰退。但在美国国家经济研究局的一份公告中称，该机构下属的商业周期测定委员会已认定美国经济于2007年12月陷入衰退。全球经济加速下滑的势头在2009年底才基本结束，然后步入缓慢曲折的复苏之路。

1. 危机初期实体经济遭受的影响

（1）银行惜贷与融资困难。在美联储将银行存款利率调整为1%的水平后，2008年12月代表银行间互相借款成本的1年期美元Libor利率已经从2008年10月近5%下降到2.6%。虽然在美国政府出资购买私人银行股份的强烈干预下信贷市场的紧缩状况有所好转，但银行间拆借利率与联邦基准利率依然相差1.5个百分点。这说明银行间惜贷气氛依然浓重，信贷市场距离恢复正常依然路途漫漫。

金融危机对全球保险业的影响

信贷紧缩不可避免地导致企业融资困难。企业债券是美国多数大中型企业日常运转资金的主要来源之一，受金融危机影响企业债券风险增加，大笔资金从中逃离，尽管美联储已经开始直接购买企业债券与商业票据，但企业通过发行债券筹款的能力极大地下降。

(2) 失业率增加。企业经营困难直接导致了市场失业率的增加，自2007年12月美国经济陷入衰退起，到2008年11月末美国非农部门就业岗位总计减少了190万个，其中2/3是在2008年9~11月减少的。2008年11月美国非农业部门就业岗位减少了53.3万个，失业率已经持续上升到6.7%，是15年来的最高点。美国前总统布什表示："11月的失业率数据反映美国的经济已经衰退，在很大程度上是由于我们的房产市场、信贷市场和金融市场的严重问题，这导致了就业岗位的急剧减少。"正如布什所说，裁员已经成为美国司空见惯的事情，表2-4统计了2008年10~12月初一些美国公司公布的裁员状况，其中部分数字为《华尔街日报》的估计值。

表2-4 2008年美国部分公司裁员情况

公司名称	公布时间	裁员人数（人）	裁员百分比（%）	公司名称	公布时间	裁员人数（人）	裁员百分比（%）
瑞士银行	10月3日	6100	26	DHL	11月10日	9500	73（美国员工数的）
eBay	10月6日	1000	10				
美光科技	10月9日	2850	15	Circuit City	11月10日	8000	20
雅虎	10月21日	1500	10	应用材料	11月12日	1800	12
National City	10月21日	4000	14	升阳电脑	11月14日	6000	18
默克公司	10月22日	7200	12	富达投资	11月14日	3000	7
戴尔	10月22日	8900	10	花旗集团	11月17日	50000	14
高盛集团	10月23日	3260	10	摩根大通	12月1日	4000	21
施乐公司	10月23日	3000	5	U. S. Steel	12月2日	3500	13
克莱斯勒	10月24日	5000	25	凯雷集团	12月3日	100	10
摩托罗拉	10月30日	3000	4.5	奥多比系统公司	12月3日	600	8
美泰公司	11月6日	1000	3				
北电网络	11月10日	1300	5	道富银行	12月3日	1800	6

第二章 金融危机对全球金融市场和实体经济的影响

续表

公司名称	公布时间	裁员人数（人）	裁员百分比（%）	公司名称	公布时间	裁员人数（人）	裁员百分比（%）
美国电话电报公司	12月4日	12000	4	杜邦	12月4日	6500	4
瑞士信贷	12月4日	5300	10	维亚康姆	12月4日	850	7

资料来源：《华尔街日报》网站。

（3）房产市场陷入泥潭。作为次贷危机的爆发点，美国房产市场深陷泥潭。美国 NAHB 房价指数（全美住宅建筑商协会关于美国住房建筑商对未来市场的乐观情绪指数）创下 1985 年该指数创设以来的纪录低点。同时，对于 2009 年上半年的销售预期指数大幅下挫，新屋开工连续第三个月下降，创下 17 年最低水平，营建许可数量为 1981 年 11 月之后的最低水平。房地产市场的悲观预期严重拖累了美国经济。

（4）制造业濒临崩溃。占美国经济总量约 2/3 的个人消费支出同样开始出现下滑，2008 年 9 月美国商品零售额与前一年同期相比下降 1.2%，创下 3 年来最大跌幅。美国制造业与零售业到了崩溃的边缘，2008 年 9 月北美市场所有汽车公司的销量都宣布下滑，这个全球最大的汽车市场 9 月销量平均下滑 26.6%，创下了 50 年来的最惊人纪录。福特汽车、丰田汽车以及本田汽车 9 月销量分别下降 35%、32% 和 24%，克莱斯勒的降幅为 33%，通用汽车则通过进行雇员优惠促销将其销售降幅控制在 16%，而 8 月还保持增长的日产汽车和戴姆勒奔驰 9 月销量也骤降 37% 和 8.4%，现代汽车、大众汽车和宝马汽车的销量跌幅也均超过 10%。在公司生死存亡的关键时刻，通用、福特和克莱斯勒公司首席执行官在一个月内两次向国会请求援助，争取国会注资拯救美国汽车工业。一直被视为美国经济晴雨表的通用电气的股价 2008 年之后竟也下挫了 1/3，第三财政季度净利润剧减 22%。忧心忡忡的通用电气董事长兼首席执行官伊梅尔特不得不向巴菲特求援，但全世界只有一个巴菲特。

（5）销售业一蹶不振。销售业的日子一样难熬。2008 年 10 月，加州百货

金融危机对全球保险业的影响

连锁集团 Mervyn's 申请破产,其宣布将在年底前关闭所有剩余的 149 家商店。零售业巨头沃尔玛已经冻结人事招聘,变相裁员。另一大型跨国零售企业麦德龙也开始在国外市场中裁撤店面人员。11 月 10 日,受美国经济不景气影响,美国第二大电器零售连锁商 Circuit City 申请破产保护,该公司在过去 6 个季度中有 5 个季度出现亏损。

(6)航空运输业受到波及。金融危机的影响甚至波及航空运输业,在国际航空运输协会的一项声明中说,航空运输业形势恶化的速度之快和范围之广令人担忧,即使石油价格大幅下跌也不足以抵消需求下降所造成的严重影响。2008 年 9 月,全球航空客运量与 2007 年同期相比下降 2.9%,这是自 2003 年来首次下降,货运量也大幅下降了 7.7%,为 2001 年网络泡沫破裂以来下跌最严重的一次。声明中称全球航空公司面临巨大挑战,特别是资金方面的挑战。2008 年有 30 多家航空公司因资金问题而停业或倒闭。在 2009 年,许多航空公司因银行惜贷而面临资金短缺,所以无法购买新飞机。

(7)进出口受到影响。进出口同样会受到金融危机的影响,由于家庭总资产与消费支出的减少,美国的进口势必缩减,而出口尚没有受到太大影响,但似乎也好景不再。美国的主要贸易伙伴也难逃金融危机的影响而经济下滑,全球性经济减速,需求减少以及美元走强将导致美国出口增速放缓。正如美联储前任主席保罗·沃克尔在新加坡表示的:"我们无法避免实体经济受到损害,我认为我们将不得不面对一场严重的衰退。"部分经济学家也警告说,美国经济遭遇 20 世纪 80 年代"滞涨"以来最严重的衰退。在 2001 年和 1990~1991 年,美国经济经历的两次衰退都不算严重,持续时间也不长,尤其是 2001 年衰退甚至并未出现连续两个季度的负增长。

2. 危机加深阶段实体经济受到的影响

(1)国内生产总值增速大幅下降。进入金融危机加深影响的 2009 年,美国实体经济的衰退不可避免。2010 年 1 月 29 日,美国商务部经济分析局发布了美国 2009 年第四季度及全年的国内生产总值数据。经初步统计,2009 年美国现价国内生产总值为 142587 亿美元,同比名义下降 1.3%。按 2005 年不变价计算,实际国内生产总值为 129887 亿美元,同比实际下降 2.4%。其中,第四季度国内生产总值现价为 36158.5 亿美元,同比名义增长 0.8%;按照

2005年不变价格计算，实际国内生产总值为32887.5亿美元，同比实际增长0.1%。从季度环比来看，2009年第四季度比第三季度名义增长了1.6%，折年率为6.4%；按照2005年不变价格计算，实际增长1.4%，折年率为5.7%。

（2）居民消费价格指数下降。2009年美国城市居民消费价格指数（CPI）比2008年下降0.3%。2009年所有商品的生产者价格指数（PPIACO）比2008年下降8.5%。其中，最终产品的生产者价格指数（PPIFGS）同比下降2.4%，工业品生产者价格指数（PPIIDC，对应中国的工业品出厂价格指数）同比下降8.7%。

从产业增加值来看，2009年美国第一产业增加值为1576.95亿美元，占GDP的比重为1.1%；第二产业增加值为28505.75亿美元，占GDP的比重为20.0%，其中工业增加值为22690.38亿美元，占GDP的比重为15.9%；第三产业增加值为112563.27亿美元，占GDP的比重为78.9%。

（3）汽车行业遭受重创。2009年美国汽车行业成为了金融危机中最先倒下的实体经济行业。4月30日美国第三大汽车制造商克莱斯勒汽车宣告申请破产保护，意大利菲亚特汽车将合并重整克莱斯勒。

2009年6月1日，全球最大的汽车制造商、连续77年世界汽车销售冠军的通用汽车决定申请破产重整，以抛弃过去签署的高成本合约与债务，并获美国政府支持，重整为品牌较少、规模缩减的新通用汽车，并由美国和加拿大两政府接管，宣布将再裁员1万人。计划书显示，通用汽车的资产总值为822.9亿美元，负债1728.1亿美元。债权人数量超过10万家，包括债券持有人、工会和诸多汽车零部件供应商。最大无担保债权人为威尔明顿信托公司（Wilmington Trust Co），持有227.6亿美元通用债权，而美国汽车工人联合会持有205.6亿美元债务。

2009年8月19日，通用汽车公司确认已经与柯尼赛格集团就出售萨博汽车公司100%股份签署了股份转让协议，但最终交易失败。

2009年12月中旬，通用汽车公司将萨博品牌旗下部分资产售予中国北京汽车控股（BAIC）。

2010年1月，通用汽车公司确认已经与世爵汽车就出售萨博汽车100%股份签署了股份转让协议，新公司Saab Spyker即将成立。

金融危机对全球保险业的影响

(4) 劳动力市场状况持续恶化。2009年美国劳动力市场继续恶化，10月就业人数减少达19万名。尽管同2009年年初相比，减少速率已经放缓——2009年第一季度，平均每月失业人数超过69万名——但距积极的就业增长仍然相去甚远。失业率从9月的9.8%——自1983年3月以来的最高水平——激增至10.2%。不仅如此，统计出的失业率很可能低估了劳动力市场疲软的事实。除了失业以外，还有大约230万人在2009年处于劳动力大军的边缘。这部分人想就业，但是他们并没有积极地找工作，因此，他们既不属于劳动力大军中的一部分，也算不上失业大军的一部分。由于经济疲软，尽管更喜欢全职工作，但是仍有逾900万人从事兼职工作。如果将就业边缘人员以及未充分就业人员计算在内，失业率将增至17.5%。2009年10月，美国联邦参议院通过将失业给付再延长14周，失业率超过8.5%的州另额外延长6周的法案以稳定失业人群情绪。

庞大的失业大军和高失业率正侵蚀着美国总统奥巴马的民意支持度，就业复苏是奥巴马政府面临的最大国内挑战之一。美国国会预算局表示，如国会不采取进一步措施刺激经济增长，美国10%的高失业率很难在2012年前回落至8%以下。国会预算局预测，美国政府7870亿美元经济刺激计划对就业市场的影响在2010年下半年达到顶峰，因此，需要推行更多的措施以进一步拉动经济增长，进而刺激就业市场恢复。

(5) 房地产市场触底。美国房价经过几年的自由落体式下降，住宅房地产市场似乎最终触底。在经过14个季度的连续衰退，2009年第三季度住宅投资年增长率为23.3%，几乎与第二季度的情况截然相反——2009年第二季度住宅投资以-23.2%的增长率紧缩。美国政府对首次购房者提供8000美元的税额减免政策，吸引了大批购房者进入住宅房市。2009年第三季度，美国新屋开工率保持稳定，成品房销售额处于一年中的最高水平。

国际货币基金组织（IMF）在2009年10月1日发表《世界经济展望报告》预测，美国经济在2009年收缩2.7%后，2010年将增长1.5%。报告中指出，2009年上半年，美国经济产出显著下滑，失业率达到1980年初以来最高峰。2010年4月IMF又调高2010年美国经济增长率预测，预计将达3.1%。美国政府采取了前所未有的货币和财政干预措施，帮助稳定消费开支以及住房

第二章 金融危机对全球金融市场和实体经济的影响

和金融市场,这将推动美国经济恢复温和增长。尽管 2009 年下半年的头几个月金融市场状况已得到显著改善,但市场依旧存在压力,对投资和消费将产生抑制作用。美国经济复苏的强度和可持续性主要取决于应对三大政策挑战:继续稳定经济和金融体系;制定适时、有序的经济刺激措施"退出策略"并收缩美国联邦储备委员会的资产负债表;应对公共、家庭和金融资产负债表的长期失衡。

二、金融危机对欧洲实体经济的影响

1. 危机初期实体经济受到的影响

2008 年金融危机席卷全球时,欧元区继美国之后同样陷入经济衰退。欧盟统计局公布的数据显示,由于受席卷全球的金融危机冲击和需求下降的影响,欧元区 15 国经济 2008 年第二和第三季度都出现了 0.2% 的负增长。通常,经济连续两个季度出现负增长即表明经济陷入衰退,即欧元区经济已经陷入衰退。但由 27 国组成的欧盟的经济受东欧经济增长的拉动在 2008 年第三季度尚未进入衰退期,虽然第二季度零增长后第三季度也出现了 0.2% 的负增长。

(1) 各国国内生产总值萎缩。英国国家统计局公布 2008 年第三季度 GDP 环比下降 0.5%,为 1992 年第二季度以来首次出现萎缩,降幅也达到 1990 年以来最高水平。此前的第二季度,英国经济增长已出现停滞,外界普遍认为,英国已经在事实上成为第一个进入衰退的主要发达经济体。

根据德国统计局公布的数据,德国 2008 年第三季度的经济萎缩了 0.5%。由于德国第二季度经济数据经过调整后出现了 0.4% 的负增长,因此,德国已连续两个季度出现负增长,同样陷入了经济衰退。

与英德两国相似,其他主要欧洲国家经济纷纷停滞甚至衰退。2008 年 8 月欧元区失业率增至 7.5%,金融危机的影响已经扩散到欧洲制造业,德、法、意、西等国制造业萎缩程度都超过市场预期。

(2) 汽车制造业步入寒冬。作为制造业的核心产业之一的汽车业步入寒冬。占据全球汽车产量 27% 的欧洲汽车业,从雷诺、标致、雪铁龙到戴姆勒、大众乃至宝马,无一例外都在减少轮班工作,闲置产能,并开始裁员。作为欧

金融危机对全球保险业的影响

洲汽车产业的龙头，德国汽车工业协会表示由于市场销量大幅下滑，德国汽车工业已陷入20世纪90年代初以来最严重的危机。从2008年9月开始，德国各大汽车制造商已经削减了1850个全职工作岗位及1万名小时工。国际汽车制造商协会表示，德国2008年11月汽车销量创下东德和西德统一以来最低纪录，当月德国新车注册量与2007年同期相比下降了17.4%，2008年前11个月德国汽车销售量比东德和西德统一后最糟糕的2007年还下降1.5%。由于增值税的提高，2007年德国汽车销量曾是1990年以来最低水平。此外，我们要清楚，德国近1/7的就业岗位来自汽车工业，汽车业的衰退意味着德国失业率的大幅上升，继续加剧经济衰退。

（3）房地产市场大多低迷。与此同时，不同国家房地产市场境遇也不相同。由于目前财政部门的信贷紧缩，英国的房屋市场有迹象显示，在经过一个最大的牛市运行后，将会有一个长期的低迷期。2008年之后英国房地产价格持续下跌，房地产市场充满悲观气氛，并殃及英国经济。标准普尔发表的一份经济预测报告指出，在欧洲四国——英国、西班牙、爱尔兰和法国，唯有法国房地产市场中期前景较为乐观。之前的几年，全球房地产价格猛涨，法国房地产价格在2000~2007年上涨了208%。之后的两年法国房地产市场增速逐渐放缓，这与法国政府的努力密不可分。为遏制房价过快上涨，法国政府大力推行廉租房制度，对房产所有者征收重税，并不断完善房屋租赁市场。同时，法国中央银行法兰西银行还通过加息控制房贷规模扩大。

德国由于其房地产拥有成熟的房地产信托投资体系、资产项目管理体系及丰富的国家项目运作经验等优势，故市场并未出现剧烈变动。俄罗斯在金融危机中受到了严重打击，由于俄罗斯股市的暴跌，大量银行市值被蒸发，企业从银行获得贷款的机会极度降低，而以能源与原产品出口作为支柱的实体经济被拖入深渊。据俄罗斯《生意人报》报道，俄各大油气公司坦承面临金融危机带来的严峻问题，希望俄政府出手相助。天然气工业公司、卢克石油公司、俄罗斯石油公司和THK—BP石油公司负责人联名致信俄总理普京，请求俄政府提供贷款，用于向西方银行偿还贷款。这些油气公司还请求普京责成俄罗斯财政部和中央银行建立向战略性行业注资的机制。俄罗斯70%的石油产量和91%的天然气产量来自这四家公司，故它们在俄罗斯经济中的影响举足轻重，俄政府不可能坐视不管,同时,俄冶金业与汽车业都宣布减产以应对销量下降。对外资与出口的严重依赖性使得金融危机对俄罗斯的实体经济产生重大冲击。

(4) 消费市场惨淡。失业人数增加、金融市场投资的损失及从银行获得贷款难度增加导致了欧洲消费市场的惨淡经营。

法国《费加罗报》2008 年组织了一项关于大宗消费计划的民意调查,共有 10685 人参加了这项调查。调查显示,在回答"您是否会延迟包括汽车、房产等在内的大宗消费计划"时,72% 的受访者给出了肯定的答案。这些受访者在阐述理由时都表达了内心的无奈。一位参与调查者甚至直截了当地说:"金融危机的影响不知道何时才会结束,作为上班族,要考虑全家未来的生活,所以不得不早做打算。"还有一些受访者则抱怨国家救市措施难见成效,对未来经济走势没有信心,所以只得延迟大宗消费计划。

而作为西方最重要的节日的圣诞节一向是商品的热销期,但在 2008 年欧洲消费者只能缩紧腰带,减少支出。根据调查公司德勤对欧洲 18 国的 1.8 万名消费者的调查,在金融危机冲击下 2008 年圣诞节的开支同比减少多达 6%,这与欧洲消费者前一年年平均多花 5% 的钱购买礼物和其他用品形成强烈对比。

2008 年,欧洲继美国之后经济衰退严重拖累了国际贸易的发展,作为国际贸易中主要的进口经济体,欧洲与美国实体经济危机同样影响着其他国家的经济发展速度。

2. 危机深入时实体经济受到的影响

(1) 经济进一步衰退。进入 2009 年后,欧洲经济同样陷入衰退的泥沼中,从欧盟范围看,2009 年第一季度,欧盟 27 国经济环比下降 2.5%,同比下降 4.7%,经济形势较 2008 年更加严峻;2009 年第二季度,经济环比下降 0.3%,同比下降 4.8%,经济衰退程度趋缓,初步呈现企稳态势。从成员国看,在经历了第一季度严重的经济衰退后,西欧发达国家经济初步企稳迹象相对明显,而许多新兴市场国家则尚未看到"曙光",其中立陶宛、拉脱维亚、爱沙尼亚等国在成员国中的同比降幅巨大。从欧元区范围看,2009 年第一季度,欧元区 16 国经济环比下降 2.5%,同比下降 4.9%,环比降幅创 1999 年欧元区成立以来的最高纪录。对外贸易下降、国内投资下滑、企业利润下降以及私人消费支出减少成为欧元区经济持续衰退的主要原因。2009年第二季度，受对外贸易以及私人消费状况初步好转的影响，欧元区经济环比下降0.1%，同比下降4.6%，环比降幅明显收窄。

（2）各国工业受到影响。在实体经济领域，欧洲各国工业，尤其是汽车业和房地产业（建筑业）受到较大负面影响。融资成本显著升高及流动性严重短缺直接影响到企业与银行间正常的借贷关系，严重影响到企业的生产、运营和投资，从而使实体经济遭受20世纪30年代以来最沉重的打击。2009年上半年，欧洲主要发达国家经济均陷入衰退中。其中，德国、西班牙等国更是经历了创第二次世界大战后纪录的巨大跌幅。除国内消费和投资需求不足、工业产值持续负增长、市场预期悲观、实体经济举步维艰等共同表现外，各国亦有不同之处。英国、西班牙房地产业衰退更为明显，失业率相对较高；德国受出口下降影响较大，传统支柱行业深受影响。

（3）失业问题严重。失业问题同样成为困扰欧洲各国的主要问题。2009年6月，欧元区失业率为9.4%，环比上升0.1%，同比上升1.9%，为1999年6月以来的最高水平；欧盟27国失业率为8.9%，环比上升0.1%，同比上升2.0%，其中西班牙最高，为18.7%。

（4）欧洲各国企业步履维艰。受金融危机的进一步影响，欧洲各国企业在2009年同样步履维艰。

全球第二大的DRAM公司、300mm晶圆工业的领导者和个人电脑及服务器DRAM产品市场最大的供应商之一的德国奇梦达公司于2009年1月23日宣布，由于公司营运不佳，该公司向法院申请破产保护，其后清算资产而宣告倒闭。

德国百货零售与旅游业巨擘Arcandor集团于2009年6月向法院申请破产保护，该集团共有超过26亿欧元的债务，2009年6月就有6.5亿欧元债务到期。Arcandor集团每年要支付的利息高达3.5亿欧元，每月需要支付2300万欧元。Arcandor集团破产将造成4.3万多人失业。

2009年9月25日，俄罗斯最大汽车制造商奥托瓦兹汽车集团（Avtovaz）宣布大幅度裁员2.76万人。其后，德国与芬兰合资的电信大厂诺基亚西门子通信宣布将裁员5800人。

2010年1月25日，瑞典电信大厂易利信宣布由于2009年实施整顿，支出增加，导致获利萎缩，将因此裁员6500人。

2010年1月，西班牙全国失业率高达19.3%，创下30年来最高纪录，也是欧盟地区失业率最高的国家。

3. 欧洲各国的主权债务问题

在2008年及2009年，为了应对金融危机，欧美发达经济体推出了大规模经济刺激计划，这些国家公共开支剧增的同时税收锐减，导致公共债务上升。随着欧洲各国进一步走出金融危机并实现经济复苏，主权债务又可能成为发达国家新的全球危机。

2009年12月16日晚间，国际评级机构标准普尔宣布，将希腊的长期主权信贷评级下调一档，从"A-"降为"BBB+"。标普同时警告说，如果希腊政府无法在短期内改善财政状况，有可能进一步降低希腊的主权信用评级。希腊的财政问题由来已久，2009年该国的财政赤字占GDP的比重已高达12%，远远超过欧元区设定的3%上限；希腊公共债务余额占GDP的比重则高达110%。

2009年12月11日，希腊总理乔治·帕潘德里欧称，希腊的债务问题是自身原因造成的，与全球金融危机无关。他称希腊政府不会拖欠债务，并明确承诺削减预算赤字。继金融危机之后，下一轮危机可能是信心危机，即公众对于各国政府和央行能否控制住持续上升的公共债务失去信任，在最糟的情况下，这种失控会导致恶性通胀。摩根大通在报告中分析道，很有可能出现一种情况，当大多数发达国家无法再通过发新债、加税等手段来偿债时，政府可能指示银行加大印钞，从而将一场倒债危机转化成通胀危机。

希腊的主权债务危机的根源并不在于金融危机，但无疑金融危机的阴霾尚未完全消散之时，新一轮的经济危机已经在全球埋下了伏笔。

三、金融危机对其他国家实体经济的影响

1. 金融危机初期的影响

发端于美国的金融危机对日本实体经济的影响也在2008年逐渐显现出来，

金融危机对全球保险业的影响

日本政府公布的 2008 年 10 月月度经济报告认为日本经济正在衰退。在反映经济景气程度的 11 个指标中，出口、生产和就业等 6 项指标出现下滑，公共投资、进口和企业收益在内的其他 5 项指标也不容乐观。

相关数据显示，由于食品和汽油价格上涨的影响，日本国内个人消费萎缩，居民的消费趋势发生了变化。2008 年 9 月，日本全国百货商店的销售额同比减少 4.7%，连续 7 个月同比下降；奢侈品销售业绩更是连续 19 个月同比下降；汽车销量，尤其是高档进口车销量大幅下降。在这种情况下，日本政府在近一年时间内首次将个人消费的判断由"停滞不前"变更为"有趋弱动向"。消费能力下降已成定局。

日本中央银行公布的 2008 年 10 月地区经济报告也指出，金融市场的剧烈动荡已影响实体经济，全日本 9 个区域经济状况与第一、第二季度相比呈现出恶化趋势。这是该报告自 2005 年 5 月开始发布后首次下调全部 9 个地区的经济景气评估，实体经济的萎靡已经扩散日本全国。

尽管日本金融市场受金融危机的直接影响与欧美相比较轻，但实体经济受到的间接影响却没有这么好的运气。金融危机导致日本股市资金外流和股价暴跌，而银行大量持有的企业股份致使银行资本减少和信贷紧缩。很多企业，特别是中小企业从银行贷不到款，资金周转困难，加之欧美国家经济陷入衰退导致日本对欧美的出口疲软，日本企业处境更加艰难。一位日本经济学家说过，日本经济中最强的是企业，特别是制造业企业。日本企业保持了日本商品在世界市场上的高占有率，这也使得日本经济更容易被欧美国家经济形势变动所影响，出口急剧减少，企业商品内销外销都更加困难，众多企业的亏损导致了日本经济根本的动摇。

在房地产市场方面，由于美国金融危机导致日本金融机构对房地产融资审查更加严格，房地产投资减少，市场趋冷，房产价格开始下跌，2008 年日本单月住宅开工量已连续 12 个月低于 2007 年同期水平，而且 2008 年第二季度日本土地价格下跌趋势明显。日本国土交通省发表公告认为，日本经济发展趋于停滞是房产价格下跌的主要原因。

但对于日本经济来说还是有好消息的，由于金融危机影响国际能源价格回落，企业生产成本降低有助于恢复消费者购买欲望。

第二章 金融危机对全球金融市场和实体经济的影响

2. 金融危机深入时的影响

(1) 日本。进入2009年后,日本经济依然在艰难中求发展。日本总务省统计局发布的2009年GDP第一次速报数据显示,2009年日本名义GDP为4749240亿日元,下降6%,降幅创下第二次世界大战以来新低。按照日本银行发布的日元兑美元年度平均汇率93.62换算,2009年日本名义GDP为50728.9亿美元,这是日本国内生产总值继1995年后第二次突破5万亿美元关口。日本政府表示,2009年亚洲主要市场需求推动了日本出口增长,政府支出计划也刺激了国内消费增加,日本2009年第四季度实际GDP更创下2009年第二季度以来最快增速,第四季度日本经济增长率与上季相比,扣除物价变动因素,GDP实际增长率为0.9%,换算成年率为3.8%。2009年第四季度,日本个人消费环比增长0.7%,设备投资增长0.9%,住宅投资下降3.3%,公共投资下降1.3%。但日本政府同时表示,日本经济依然处于严重通缩状态,政府将采取行动阻止复苏陷入停滞。此外,2009年日元出现大幅升值,对美元汇率升值10.5%,很大程度上抵消了经济增速上的差距,而受日元大幅升值影响,日本主要的汽车与电子公司财报总亏损超过2.6兆日元。

根据日本总务省的数据,2009年5月日本政府统计的失业率为5.2%,而6月则继续上升了0.2个百分点。至此,日本失业率已经连续5个月上升。而此前,日本第二次世界大战后失业率最高纪录出现在2003年4月,最高失业率为5.5%。数据显示,2009年6月日本的失业人数达到348万人,比2008年同期增加了83万人;就业人数比2008年同期减少了151万人,连续17个月同比减少。

(2) 加拿大。经济全球化与金融全球化使得任何国家都难逃金融危机的影响。作为美国的近邻,加拿大统计局发布公告,在2008年11月加拿大共减少工作岗位7.1万个,创下1982年以来月减少工作岗位数的新纪录。报告中提到加拿大2008年11月失业率升至6.3%,而且加拿大政府预计在未来数月内还将有至少10万人加入失业队伍,失业率有可能超过7%。

(3) 韩国。韩国一度被认为是"亚洲的冰岛",金融危机发生后,由于外国投资者从韩国市场抽逃资金,国内投资者也跟风出逃,韩国股市暴跌,而且截至2008年10月,韩元兑美元汇率已经贬值近30%,之后虽然韩国与美国

金融危机对全球保险业的影响

达成协议稳定汇率，韩元汇率有所回升，但仍低于正常水平。韩元贬值没有促进韩国商品的出口增长，韩国央行表示韩国以新兴市场国家为中心的出口增长受到金融危机影响而逐渐恶化，实体经济正在受到影响。内需减弱和出口减少成为韩国经济快速下滑的主要原因。进入 2009 年后，由于商业银行迟迟不推进结构调整，海外投资者对韩国经济的失望，导致韩元兑美元汇率暴涨。韩元对美元汇率的大幅上涨，从 2009 年 1 月末的 1379.5 韩元涨至 2009 年 2 月 20 日的 1506 韩元，短短 20 天内暴涨 126.5 韩元，贬值率达 9.2%，在发达国家和新兴国家中创下最大贬值率。

（4）中美洲和拉丁美洲国家。由于在经济上高度依赖美国等发达国家，所以金融危机带给这些国家的影响尤为重要。美国是中美洲国家最大贸易合作伙伴，来自美国的贸易收入和侨汇是这些国家的重要经济支柱，随着美国经济衰退，这些收入都会减少。中美与拉美地区在金融危机影响下就业形势恶化，物价上涨尤其是粮食价格攀升将使该地区人们贫困加剧。智利、巴西和阿根廷等南美国家因其对外贸易的多元化发展，所受影响较小，但作为众多跨国制造公司生产基地的巴西就业受到较大影响。本田摩托车巴西公司强行给 5000 多名员工放假，其中设在玛瑙斯的全球生产基地放假员工数达 2300 人，相当于该厂员工总数的 1/4。雅马哈摩托车巴西制造厂大约 1000 名员工同样被迫放假，通用汽车设在巴西的 3 家工厂共 8600 名员工集体放假，大众巴西公司也宣布让 900 名员工放假。

（5）非洲国家。在金融危机对全球金融市场冲击中，非洲国家由于其在全球经济中的相对孤立而幸免于难，但全球经济增速放缓将对非洲国家经济产生严重影响。首先，由于金融危机，西方国家为节省开支对非洲的发展援助将被削减，同时流入非洲的国际直接投资也将减少。其次，非洲国家的原料出口是其重要经济支柱，发达国家经济陷入衰退后对于工业原材料的需求也将降低，出口增速放缓甚至衰退，以上种种因素都会导致非洲经济的增长被遏制。

四、金融危机对中国实体经济的影响

全球经济都处在美国金融危机的阴霾之下，作为最大的发展中国家，中国

第二章 金融危机对全球金融市场和实体经济的影响

也难独善其身。尽管全球金融危机对中国的影响有限,但是毋庸置疑的是,在持续了8年的快速增长后,中国经济在金融危机的影响下,在2008年后进入了缓慢下行的趋势。

1. 需求下降,出口受挫

美国和欧洲,甚至全球经济都受到金融危机的沉重打击,消费需求大幅下降,中国经济发展的主要动力之一,出口最先受到冲击。

中国总体出口增长在2007年下半年已经开始出现增速下滑态势,2008年上半年出口增长21.9%,与2007年同期相比回落5.7个百分点,其中6月出口增速下降到17.6%,与2007年同期相比下跌了近10个百分点。中国出口减速的主要原因有两个:一是金融危机影响继续蔓延,欧美主要出口对象消费需求萎缩;二是人民币在2008年对美元持续升值,削弱了中国制造在国外市场的价格优势。

美国作为中国第二大贸易伙伴,进入2008年后中国对美国出口增长明显放缓,1~2月,累计增速仅为0.4%,此后增速逐步回升,上半年累计增速为8.9%,远低于中国总体外贸出口21.8%的增速。对美出口在2008年前10个月同比增长11.4%,但与2007年同期相比,这一增速回落了4.1个百分点。对欧洲的出口增速2008年前两个季度虽大幅低于2007年同期的水平,但略高于2006年同期水平。

中国对出口依存度较高的产业提早步入寒冬,纺织、玩具、钢铁行业受到巨大影响,同时,由于美国在建工程数量不断萎缩,家具、卫浴、五金等出口企业同样举步维艰。

如果说2008年上半年中国纺织业出口面对的最大问题,是美元持续贬值、劳动力成本上升导致纺织业成本上涨、利润空间被大幅压缩甚至亏本。到了2008年下半年,国外市场需求不足成了影响中国纺织业的噩梦。中国最大的印染企业——浙江江龙控股集团有限公司在行业危机中因资金链断裂而轰然倾塌。

美国市场一直在中国纺织成衣出口中占据重要地位,支撑着众多中国纺织企业的出口贸易,但2008年上半年,美国进口中国纺织品成衣共计138.34亿美元,较2007年同期减少2.43%。更令中国纺织业不安的是美国市场的消费需求继续呈下降趋势。欧美失业率不断攀升，个人消费支出与收入水平继续下降，国内消费信心被不断打击，全球市场萎缩将迫使中国纺织品出口进一步放缓。

玩具业同样承受着巨大的压力，东莞市玩具协会副会长表示，继全球最大玩具商之一的合俊集团在东莞关闭了旗下两家工厂，估计两年内东莞3800多家玩具企业中将有1800多家相继倒闭。

合俊集团在2008年10月14日以0.099港元收盘，10月15日停牌等待公告，和2007年7月20日收盘的历史最高价2.38港元相比，股价缩水高达95%。在2008年半年报中公司亏损约2亿港元，无奈下只能关闭两家位于东莞的加工厂房，近6500名职工失去工作。过于依赖美国市场与生产成本上升是导致合俊集团陷入困境的主要原因，当美国客户合约出现变动，订单减少，价格和利润空间压缩时，公司亏损在所难免。

全球汽车业危机同样涉及中国。一方面，中国汽车生产企业的出口出现近年少见的负增长，2008年8月共出口汽车4.44万辆，相比7月下降22%，与2007年同期相比下降11.29%。整车出口总体表现低迷，自主品牌的出口难题无法回避，虽然直接出口到美国的很少，但其他主要出口对象如中南美等地区和美国经济联系紧密，部分国内汽车公司已经表示2008年出口目标无法实现。另一方面，国内汽车零部件生产商正接受更加猛烈的冲击，由于在规模、技术等方面竞争力较弱，部分企业甚至会遭受灭顶之灾。全球汽车企业纷纷缩减产能，参与国际配套的供应商必然要面临已计划订单量减少的窘况，零部件生产商的洗牌已经开始。

作为中国外贸行业"晴雨表"与"风向标"的广交会上出现的变化更是凸显了中国出口外贸业的艰难处境。在2008年的广交会中，以往南方诸省一席难求的展会摊位破天荒地出现了退订现象，企业参展热情大幅度下降，秋季广交会成交额较春季广交会下降了11%，金融危机扩散使得企业出口信心受到重创。主要以欧美国家为交易对象的中低档商品企业订单骤减，部分企业订单数缩减了50%以上，四川某些企业甚至表示已有近90%的美国订单被收回。

曾作为中国经济增长最大动力的外贸出口骤减必然会在一定程度上拖累中

第二章 金融危机对全球金融市场和实体经济的影响

国经济的发展,但这也正给了中国经济转变增长方式的机会,为经济结构优化提供了条件。

2. 投资增速下滑

投资增长是中国经济持续高速增长的另一重要助力,2008年中国的固定投资总额虽然仍保持平稳增长,但扣除掉因物价上升因素后,实际投资增幅却大幅下滑,尤其在金融危机的影响下,制造业投资增速下滑显著。

2008年,第一季度全社会固定资产投资同比增长24.6%,比2007年同期加快0.9个百分点;上半年同比增长26.3%,比2007年同期加快0.4个百分点。上半年固定资产投资完成额增速基本与2007年同期持平,大幅低于2006年同期的水平。但是,如果考虑到各类价格指数7%~8%的上涨幅度,固定资产投资的实际增速将有较大回落。从产业构成来看,第一产业(农林牧渔等产业)的投资增速有较大增长。第二产业(以原产品为加工对象的产业)投资增速出现显著下降,其中制造业投资增速明显下滑,2008年6月制造业投资累计完成增速为31.4%,比2007年同期下降3.3个百分点,比2006年同期下降7.2个百分点。2008年1~10月的详细情况如表2-5所示。

表2-5 2008年1~10月各产业投资增长值及同比增长速度

产业类型	投资增长值(亿元)	同比增长速度(%)
城镇固定资产总投资	113189	27.2
煤炭开采及洗选业	1773	41.0
非金属矿采选、制品业	3537	48.6
石油和天然气开采业	1936	34.4
铁路运输业	2222	39.8
电力热力生产和供应业	6979	16.0
有色金属采选冶炼及压延加工业	1949	43.0
黑色金属采选冶炼及压延加工业	3041	31.4

资料来源:国家统计局网站。

金融危机对全球保险业的影响

如果从名义投资增长数据来看似乎并未受到金融危机的影响，仍保持在稳定水平，但由于物价与劳动力等成本上涨的影响，投资的实际购买力已经下降，而且在金融危机波及实体经济后，一些受到较大影响的产业投资增速已经放缓。2008年1～7月中国纺织业累计完成投资1534亿元，同比仅增长13.14%，较2007年同期下降了13.15个百分点。在中国出口下跌中受冲击最大的纺织行业投资实际水平已经回落到10年均值以下。

从投资主体来看，受金融危机导致人们对未来经济悲观预期和人民币升值等因素影响，劳动密集型企业的投资速度明显下滑。到2008年6月我国港、澳、台商企业投资增速比2007年下降了11.8个百分点，个体经营企业投资增速下降了10.1个百分点。实际投资的放缓势必降低中国经济发展速度，但中国适时提出的4万亿元投资计划将转变实际投资下降的趋势。

3. 就业问题严重

当一批批毕业与即将毕业的大学生开始出现在招聘市场上，苦苦寻找一份工作而不得时，人们忽然发现原来我们国家的就业问题已经如此严重了。

人力资源与社会保障部公布的数据中，2008年9月底城镇登记失业人员830万人，比2007年同期减少5万人；登记失业率为4%，与2007年底持平。连续三个季度中国城镇登记失业率数字都维持在4%，那么，金融危机对于中国的就业没有一点影响吗？尤其是2008年下半年全球经济剧烈波动，众多跨国公司裁员以维持利润，中国失业率仍然如此稳定吗？

在金融危机的影响下，许多国内行业如房地产、航空、石化、电力等进入寒冬，国内企业如南方航空、中石油等，纷纷采取了降薪或者裁员的措施，而IT业的波导、夏新电子等多家国内手机厂商也纷纷采取裁员等办法以减少费用，夏新电子将员工从1.3万人减到5000人左右，裁员过半。证券行业面临的危机则更为严峻，每次熊市出现，券商都会裁员降薪以待证券市场复苏。在2008年股市下跌中很多小券商的营业部出现大面积亏损，有的券商降薪幅度高达50%，裁员更是不可计量，仅深圳市高峰时证券经纪人就有万人以上，到2008年中已流失超过一半。没有进行裁员的企业也减少了新增岗位的数量或根本不招人，只出不进管理方式成为了一种变相裁员手段。

城镇就业岗位大幅减少，大量人员失去经济来源，2008届甚至2007届高校毕业生仍有相当比例没有就业，但2009届高校毕业生就业洪峰又接踵到来，近600万新增毕业生，1000万以上新增就业人口等待就业。

2007年，中国农民工数量已超过2.26亿人，他们支撑了中国外向型经济的发展。当金融危机危及中国广大对外贸易企业时，在企业倒闭或裁员的大背景之下，往年的春运高峰随着民工潮的到来而提前了。进入2008年10月后，东南沿海地区已有6.7万家中小企业倒闭，多年支持着中国经济快速发展的劳动密集型企业开始了衰退，没有数据能够说明农民工的失业问题，但是各大车站拥挤的人群直接向我们展示了就业的艰难。湖南省劳动和社会保障厅预测，到2009年湖南省将有280多万湘籍农民工因找不到工作岗位而回流湖南省。与湖南省相似，重庆市与四川省都是农民工输出大省，在2008年9月和10月内返乡的农民工已占外出务工总人数的3.5%，而且返乡的人数将不断增加。基数极其庞大的农民工必然成为金融危机中受影响最大的就业人群，在金融危机的阴影尚未散去之时，外出务工的机会与收入都大幅下降，农民工返乡潮仍会继续。

4. 消费者信心受到打击

金融危机已经逐步从对实体经济的影响传导到消费者层面，中国消费者的信心正在受到影响。城乡居民实际收入增幅下降，城镇居民尤为明显，股市、楼市低迷以及物价快速上涨，居民家庭财富总值下降，实际购买力不断削弱，消费难以明显增长。

2008年第一季度，社会消费品零售总额累计增速在扣除物价上涨之后仅比2007年同期提高0.4个百分点；第二季度消费实际增速也仅提高2.1个百分点。上半年，城镇居民人均可支配收入同比增长14.4%，扣除价格因素，实际增长7.56%，大幅低于2006年和2007年同期的水平；农村居民人均现金收入增长19.8%，扣除价格因素，实际增长11.98%，略低于2007年同期水平。2008年上半年城镇家庭人均消费性支出（实际值）增长6.86%，同比下降3.29个百分点，也低于2006年同期的水平。城镇家庭边际消费倾向持续下降，2006年上半年为70.5%，2008年上半年下降为68.07%。相关数据如表2-6所示。

金融危机对全球保险业的影响

表2-6 消费者信心指数（2008年12月）

日期	消费者预期指数	消费者满意指数	消费者信心指数	日期	消费者预期指数	消费者满意指数	消费者信心指数
2007年9月	99.6	92.9	96.9	2008年5月	97.0	90.2	94.3
2007年10月	99.2	92.4	96.5	2008年6月	96.5	90.6	94.1
2007年11月	98.7	92.0	96.0	2008年7月	96.9	90.8	94.5
2007年12月	99.5	93.1	96.9	2008年8月	96.0	90.2	93.7
2008年1月	98.6	91.2	95.6	2008年9月	95.6	90.0	93.4
2008年2月	96.8	90.5	94.3	2008年10月	94.2	89.8	92.4
2008年3月	97.1	90.7	94.5	2008年11月	90.8	89.2	90.2
2008年4月	96.6	90.1	94.0	2008年12月	87.6	86.8	87.3

资料来源：国家统计局网站。

在国家经济大背景下，消费者对很多产品的需求正在减少，基于自身的风险考虑，一些大宗消费支出会受到抑制，房产、汽车等购买将被延迟或者暂时放弃。而对于日常的消费而言，虽然不会出现过于节俭的情况，由于对失业、减薪等因素的考虑，消费者信心不断下跌，日常消费多少也会受到影响。随着众多外贸企业的商品转为内销，加之劳动力、原材料等生产成本的上升，商品价格纷纷上涨，市场中供给增加，商家将采取各种促销手段，消费者出于寻找更便宜的商品心理会再次降低消费支出。

进入2008年后，居民消费品物价整体仍然上涨，但消费者物价指数自金融危机爆发后开始一路走低，价格涨幅趋于平缓。参见表2-7。

表2-7 2008年前10个月中国CPI指数上涨幅度   单位：%

时间	CPI指数上涨幅度	时间	CPI指数上涨幅度
2008年1月	7.10	2008年7月	6.30
2008年2月	8.70	2008年8月	4.90
2008年第一季度	8.00	2008年9月	4.60
2008年4月	8.50	2008年第三季度	7.00
2008年5月	7.70	2008年10月	4.00
2008年6月	7.10	2008年11月	2.40
2008年上半年	7.90	2008年12月	1.20

资料来源：国家统计局网站。

由于部分产业在金融危机中首先受到冲击,价格回落明显,甚至已经低于 2007 年同期的价格水平,支撑居民消费价格上涨的主要动力依然是食品类价格,同时,住房类商品的价格也因金融危机的影响而放缓上涨速度,成为居民消费价格下降的主要助力。参见表 2-8 和 2-9。

表 2-8　2008 年 12 月居民消费价格分类指数

项目名称	上年同月=100			上年同期=100		
	全国	城市	农村	全国	城市	农村
居民消费价格指数	101.2	100.9	101.9	105.9	105.6	106.5
一、食品	104.2	104.7	102.8	114.3	114.5	114.0
粮食	104.3	104.7	103.6	107.0	107.2	106.7
肉禽及其制品	99.0	99.8	97.2	121.7	122.6	120.0
蛋	102.0	102.2	101.6	104.3	104.3	104.3
水产品	110.4	110.6	110.0	114.2	113.8	115.0
鲜菜	105.5	105.2	106.1	110.7	110.5	111.3
鲜果	101.5	101.9	100.1	109.0	108.9	109.3
二、烟酒及用品	102.9	103.2	102.5	102.9	103.1	102.6
三、衣着	97.8	97.4	98.8	98.5	98.2	99.4
四、家庭设备用品及服务	102.9	103.1	102.2	102.8	103.0	102.4
五、医疗保健及个人用品	101.7	101.6	102.0	102.9	102.8	103.2
六、交通和通信	98.6	98.0	100.0	99.1	98.4	100.7
七、娱乐教育文化用品及服务	99.4	98.9	100.8	99.3	99.1	99.9
八、居住	98.6	96.5	103.1	105.5	104.3	108.2

资料来源:国家统计局网站。

表 2-9　2007 年 12 月居民消费价格分类指数

项目名称	上年同月=100			上年同期=100		
	全国	城市	农村	全国	城市	农村
居民消费价格指数	106.5	106.2	107.2	104.8	104.5	105.4
一、食品	116.7	116.3	117.6	112.3	111.7	113.6
粮食	105.5	105.9	104.9	106.3	106.4	106.2
肉禽及其制品	138.8	139.1	138.1	131.7	131.6	131.8

金融危机对全球保险业的影响

续表

项目名称	上年同月=100			上年同期=100		
	全国	城市	农村	全国	城市	农村
蛋	105.4	104.5	107.2	121.8	122.2	121.1
水产品	106.1	105.5	107.7	105.1	104.5	106.5
鲜菜	109.5	108.3	113.0	107.3	106.6	109.4
鲜果	113.8	114.0	113.3	100.1	99.8	101.0
二、烟酒及用品	101.7	101.8	101.5	101.7	101.8	101.6
三、衣着	98.3	97.9	99.4	99.4	99.1	100.2
四、家庭设备用品及服务	101.9	101.9	101.8	101.9	101.9	102.1
五、医疗保健及个人用品	103.2	102.8	104.0	102.1	101.7	102.8
六、交通和通信	98.6	98.1	100.0	99.1	98.4	100.6
七、娱乐教育文化用品及服务	99.5	99.4	99.6	99.0	99.3	98.4
八、居住	105.9	105.7	106.3	104.5	104.5	104.4

资料来源：国家统计局网站。

金融危机已经导致国际能源与原材料市场需求相对不足，各种工业基础用料包括钢铁、煤炭以及天然气等能源市场价格都在缓慢下降，但传导至消费品层面尚需一定时间。长期以来困扰在人们心头的高通货膨胀暂时已经不再是主要问题，在2008年底，如何面对经济下滑带来的消费信心不足与扩大内需成为新的问题。

2008年，全年国内生产总值为300670亿元，比2007年增长9%，其中，第四季度增长6.8%；全年中国规模以上工业增加值比2007年增长12.9%，增速比2007年回落5.6个百分点；全年全社会固定资产投资172291亿元，比2007年增长25.5%，增速比2007年加快0.7个百分点；全年社会消费品零售总额108488亿元，比2007年增长21.6%，增速比2007年加快4.8个百分点；全年居民消费价格上涨5.9%，涨幅比2007年提高1.1个百分点。金融危机对中国的影响仍在加深和蔓延，对国内经济的冲击在2009年仍在继续。

2009年，全年国内生产总值335353亿元，按可比价格计算，比2008年增长8.7%，增速比2008年回落0.9个百分点。分季度看，第一季度增长6.2%，第二季度增长 7.9%，第三季度增长 9.1%，第四季度增长 10.7%。2009 年居民消费价格和生产价格全年下降，年底出现上升。全年居民消费价格比 2008 年下降 0.7%。其中，城市下降 0.9%，农村下降 0.3%。分类别看，八大类商品价格四涨四落：烟酒及用品上涨 1.5%，医疗保健和个人用品上涨 1.2%，食品上涨 0.7%，家庭设备用品及维修服务上涨 0.2%，居住下降 3.6%，交通和通信下降 2.4%，衣着下降 2.0%，娱乐教育文化用品及服务下降 0.7%。

居民消费价格在 2009 年 11 月同比涨幅由负转正，当月上涨 0.6%，12 月上涨 1.9%。全年工业品出厂价格下降 5.4%，12 月由负转正，当月上涨 1.7%；全年原材料、燃料、动力购进价格下降 7.9%；商品零售价格下降 1.2%。

2009 年全年进出口总额 22073 亿美元，比 2008 年下降 13.9%。11 月进出口总额同比涨幅由负转正，当月增长 9.8%，12 月增长 32.7%。全年出口 12017 亿美元，下降 16.0%；进口 10056 亿美元，下降 11.2%。进出口相抵，贸易顺差 1961 亿美元，比 2008 年减少 994 亿美元。

从上述资料可以看出，在 2009 年总结之时，金融危机对中国的影响已几乎被完全消化，只是出口总额在短时间内难以回到危机爆发前的水准，只是国内就业压力依然存在。在国内出现通胀压力的新情况下，金融危机所带来的信贷紧缩压力已不再是国家经济发展的主要问题。

第三节　金融危机从虚拟经济向实体经济传递的深层次分析

一、全球金融危机产生的深层次原因分析

1. 过度泛滥的金融创新模式

金融的本质是信用，金融创新的泛滥导致信用的滥用。在金融创新的旗帜下，金融衍生品泛滥无度，与经济本体发生了难以想象的重大偏离。创新的红

金融危机对全球保险业的影响

利被拿走了,创新的风险却留给了市场。过度金融化、过度证券化、过度全球化给社会经济种下了一个个无法割舍的"毒瘤",最后出来收拾残局的却只能是政府和纳税人。次贷危机不仅导致了美国投行百年老店雷曼兄弟的倒闭,也给整个世界的金融生态环境带来了难以修复的重大创伤,这种创伤最直接承受者不仅是美国,而且是整个世界。

2. 对金融衍生品过度放松的市场监管模式

在自由市场、自由金融的"华盛顿共识"下,美国政府在20世纪八九十年代及其后极大地放松了对金融企业和金融市场的监管,而金融机构本身就天然存在着规避监管的动力与手段,这两种因素与美联储连续27次降息导致利率大幅走低从而整个社会的资金流动性泛滥且找不到资金出路等各种因素结合在一起,就使得次贷产品等金融创新有了内在的动力与源泉,并且形成了无法考量也无法控制的系统性风险源。正是由于政府监管体制的缺位和漏洞,使得整个华尔街处于创新泛滥的状态,除了设计者本人,其他参与者实际上都已经无法准确把握产品的风险与市场的风险。这样,笼罩在金融幻觉下的金融创新的实质就成了让别人用别人的钱来为自己埋单的过程,信用关系也在这个过程中逐步演变为信用陷阱,造成次贷危机、金融危机和全球经济危机。

3. 发达国家过度消费与信用透支的经济发展模式

如果说中国经济发展中内需不足的一个重要原因是过度储蓄的话,那么美国经济发展中的更大隐患则是过度消费。在20世纪七八十年代,美国的储蓄率一直在8%~10%,进入20世纪90年代后期,美国的储蓄率开始大幅下降,至2005年,美国的储蓄率首次成为负数,2006年达到-1%,花明天的钱来过今天的日子不仅已经成为一种时尚,而且成为一种趋势。这种过度的消费模式本身就导致信用透支,使得金融体系严重脆弱,再加上金融系统内外部各种因素的叠加效应,就使得危机的负面影响迅速扩大并逐波蔓延,最终危及实体经济乃至整个世界经济。

二、全球经济失衡使得金融危机逐次向实体经济传递

金融危机通过在全球经济失衡背景下产生过度消费型经济、过度生产型经

济、过度资源供应型经济逐次向实体经济传递。首先全球金融危机带来的巨大冲击的是过度消费型经济（如美国等），并在这些国家中引起消费萎缩进而给生产与市场带来冲击。过度消费型国家发生的经济衰退又会反过来挤压过度生产型经济国家（如中国、印度等）的海外市场并引起这些国家的经济衰退。而过度生产型国家如果出现衰退，那么受冲击最大的就是给过度生产型国家提供资源的过度资源供应国家（如巴西、澳大利亚等），并且将最终导致这些国家出现经济衰退。在全球化背景下，危机会逐次传递并逐波激化，使得整个世界都深陷其中而无一幸免。

本章小结

第一，大量实例和数据说明金融危机发生后，对全球银行、证券、保险市场的巨大冲击，导致实体经济出现问题，以及各国为应对经济衰退而采取的应对措施；从经济全球化造成的全球经济失衡背景下形成的过度消费型经济、过度生产型经济、过度资源供应型经济角度分析金融危机从虚拟经济向实体经济传递的深层次原因。

第二，从此次全球金融危机的起因、机理和演变过程以及通过大量实例可以看出，次贷危机第一阶段是由金融产品危机转化为房地产业危机，通过金融衍生品放大作用形成了世界范围的金融危机；第二阶段是由金融危机转化为全面的经济危机，世界各国的金融体制与监管机制遭到挑战；第三阶段是各国采取政府干预经济的措施，世界经济出现大幅波动，许多在市场经济国家中盛行已久的金融理念与发展信念被动摇，将给世界经济带来重大和持续的破坏性影响。金融危机仍在持续，对未来几年甚至几十年的经济发展都将产生重大影响。

第三，全球金融危机产生的三个深层次原因分别是过度泛滥的金融创新模式、过度放松的市场监管模式和过度消费与信用透支的经济发展模式。金融衍生品泛滥无度，与经济本体发生了难以想象的重大偏离，创新的红利被拿走了，创新的风险却留给了市场；对金融衍生品过度放松的市场监管模式，使得信用关系逐步演变为信用陷阱；过度的消费模式本身就导致信用透支，使得金融体系严重脆弱，再加上金融系统内外部各种因素的叠加效应，就使得危机的负面影响迅速扩大并逐波蔓延。

第四，全球经济失衡使得金融危机逐次向实体经济传递。金融危机通过在全球经济失衡背景下产生过度消费型经济、过度生产型经济、过度资源供应型经济逐次向实体经济传递。首先全球金融危机带来巨大冲击的是过度消费型经济（如美国等），并在这些国家中引起消费萎缩进而给生产与市场带来冲击。过度消费型国家发生的经济衰退又会反过来挤压过度生产型经济国家（如中国、印度等）的海外市场并引起这些国家的经济衰退。而过度生产型国家如果出现衰退，那么受冲击最大的就是给过度生产型国家提供资源的过度资源供应的国家（如巴西、澳大利亚等），并且将最终导致这些国家出现经济衰退。在全球化背景下，危机会逐次传递并逐波激化，使得整个世界都深陷其中而无一幸免。

第三章
金融危机对全球原保险市场的直接影响和分类分析

自从2007年金融危机爆发并在全球范围内蔓延以来，作为金融行业的重要组成部分——各国保险业也都不同程度地受到了影响。其中，危机发源地的美国保险市场更是如此，保险巨头美国国际集团（AIG）身陷次贷危机，最后以政府出面救助才幸免于难。本章从承保赔付、投资收益和投保业务三个方面分析金融危机对全球原保险市场的直接影响，并按照保险公司规模、投资策略、业务重点等不同分类进行直接影响的深入分析。

第一节　金融危机对全球原保险市场的直接影响

次贷危机对许多投资银行、商业银行、对冲基金、政府住宅代理机构等都产生了强烈冲击，并引发了全球金融市场动荡。作为金融服务业的重要组成部门之一，保险业势必也不能独善其身。在保险界，包括AIG、德国安联、瑞士再保险、FGIC、MBIA和Ambac等在内的保险业巨头，都付出了巨大的代价。由于为次级住房抵押贷款提供担保或者持有投资银行股份，保险公司受到次贷危机直接影响，这一影响可以通过公司财务报表直接反映出来，也就是说直接影响可以直接衡量。

保险业遭受的损失主要来自于承保和投资两个方面。在承保方面，次贷危机使得董事高管责任和错误遗漏保险、住房按揭保险、债券保险等业务的赔款支出显著增加，许多公司陷入困境。在投资方面，AIG 由于采取了激进的投资策略，在次贷支持类债券、信用违约互换和其他衍生品方面进行了大量投资，蒙受了巨额亏损，陷入了破产的边缘，不得不向美联储求救。从中长期来看，次贷危机造成的保险业损失可能更大，影响程度和范围可能也更为深远。截至 2008 年 2 月末，市政债券投资者担保公司（MBIA）、金融证券担保公司（FSA）、美国市政债券保险公司（AMBAC）和金融担保保险公司（FGIC），占据债券保险市场的份额共计 91%。次贷危机对全球保险业造成巨大冲击，全球最大的保险公司 AIG 陷入破产边缘就是明显的例证。预计此次危机的影响不仅仅体现在短期的亏损方面，还可能对全球保险业未来数年的盈利能力、监管框架、偿付能力、会计准则等产生重大改变。

一、保险业承保赔付受到的影响

1. 债券保险机构的承保赔付

在外部信用增级手段中，债券保险是当时应用比较广泛的方法。债券保险又称为金融担保保险，是指专业保险公司为债券发行人提供信用担保。这一保险的标的为信用风险，被保险人为债券发行人，权利人为债券投资人。当保险合同约定的事故发生致使权利人遭受损失，只有在被保险人不能补偿损失时，才由保险人代其向权利人赔偿，从而只是对权利人经济利益的担保。专营以上业务的保险公司即债券保险机构，它是指专门为债券发行人提供信用担保的专业机构，一般被归入"专业保险公司"或"专类产品保险公司"。债券保险机构销售的是公司信用，主要投保企业债券、市政债券、基础设施建设债券、以资产和住房抵押贷款为基础的有价证券。债券保险已在债券市场的各个环节提供保险服务，成为债券市场的一支重要力量。

债券保险机构对债券市场的发展产生很大的影响，并在许多方面发挥着重要的作用。首先，对发行主体来讲，可以减少发行成本，起到增信作用。许多市政债券发行主体都选择在债券发行时购买保险，因为债券保险公司的担保，其发行的债券可以自动上升到债券保险公司自身的评级水平。比如，有一家债券发行商，在没有购买保险的情况下，发行的债券等级为 A 级，融资成本为 A

第三章 金融危机对全球原保险市场的直接影响和分类分析

级债券的市场利率与发行费用的加计总和；其购买保险后，如果债券保险公司评级是 AAA 级，该债券会自动升级为 AAA 级，发行者的融资成本为 AAA 级债券的市场利率与发行费用以及保费的加计总和。通常情况下，保费会小于 AAA 级债券的市场利率与 A 级债券的市场利率之差，从而使债券发行者通过购买保险节省融资成本。其次，对投资者而言，可以确保投资的安全性，降低违约损失风险。再次，从债券市场整体运行看，可以扩大市场总量，促进市场的流动性。债券保险公司的出现，使得较低级别的债券发行主体得以在支付了一定保费成本后将其所发债券的信用予以增级。这在降低融资成本的同时，也提高了融资者发行债券的积极性。产品质量水平的提高，不仅减少了投资风险，也增加了大量投资者参与债市投资的热情。最后，对监管部门而言，市场组织的自动监管可以节约监管部门的监管成本甚至可能比监管部门的监管更加有效。如同一般的保险商，债券保险公司在给债券发行主体进行担保时，会主动对该债券发行主体的财务状况进行调查，以减少可能因违约带来的损失。监管当局只要通过评级机构和债券保险公司的数据，就可以较好地掌握市场中相当部分债券的质量，从而有助于节省信息采集成本。

正是由于债券保险在债券市场中的重要作用，债券保险市场在次贷危机中受到最直接全面的冲击，并成为影响次贷危机蔓延的关键环节之一。当年，美国 50% 左右的市政债券在发行时都有保险担保，相当数量的资产支持证券也购买了债券保险。据估计，受债券保险机构担保的债券规模高达 2.4 万亿美元。次贷危机爆发后，次贷违约率的上升增加了债券保险公司的亏损，并使得信用评级机构下调了对这些保险公司的评级。例如，全球最大债券保险商 MBIA 公司 2007 年第四季度出现公司历史上最严重的单季亏损。更为严重的是，一旦债券保险公司的财务评级普遍下调，必然导致其承保的债券评级普遍下调，不仅会使得持有这些债券的金融机构和个人投资者出现更大的资产损失，也会使那些本来风险较低的市政债券估值减少，给处于次贷危机中的债券市场带来更大压力。目前美国市政债券的 2/3 是由美国个人投资者直接或者通过共同基金的方式持有，多数都有保险担保。如果债券保险公司失去了 AAA 评级，投资者持有的市政债券价格就会下跌，如果低风险的投资出现问题，会直接影响普通美国人的生活。此外，危机减少了债券保险的供给，会增加市政

金融危机对全球保险业的影响

债券的发行成本，从而进一步影响政府对学校、公共设施的投资。正因为债券保险的极端重要性，那些资本充足率下降并不断受到降级威胁的债券保险公司成为影响次贷危机蔓延的关键环节之一。

（1）美国债券保险机构状况。债券保险起源于美国，20世纪70年代到80年代初是债券保险公司的起步发展阶段。20世纪70年代初期，美国市政债券保险公司（AMBAC）在密尔瓦基注册成立；同时，市政债券保险协会（MBIC）也随即成立，该协会后来发展成为美国最大的债券保险机构——市政债券投资者担保公司（MBIC）。进入20世纪80年代后，债券保险机构呈"井喷式"发展，由20世纪70年代的两大保险公司发展成为包括FGIC、BIG、FSA等多家保险公司在内的债券保险行业，成为当时美国经济发展的一支重要推动力量。20世纪80年代后期，随着行业竞争的加剧，债券违约率的上升，使得债券保险机构的处境变得越来越艰难。此时，债券保险公司的发展分化为两个方向：在国内，通过收购、兼并来扩张自己在国内的份额；同时，多家债券保险机构采取国际化的发展方式，寻求国外发展。1991年MBIA在法国巴黎设立办事处，成为美国债券保险公司在国外开的第一家分支机构，同时也是法国第一家债券保险商。进入21世纪，债券保险业进入一个相对稳定的发展期。就目前情况看，债券保险主要在美国发展迅速，截至2007年，美国已有十几家债券保险公司，并组成了美国金融担保保险协会（AFGI）。但在2007年次级债危机的影响下多家保险机构面临着破产、分拆危险。目前，美国四大主要的高信用等级债券保险机构分别是市政债券投资者担保公司（MBIA）、金融证券担保公司（FSA）、美国市政债券保险公司（AMBAC）和金融担保保险公司（FGIC），截至2008年2月末，其占据债券保险市场的份额分别为28%、24%、23%和17%，总计92%。

（2）债券保险机构运行和收益情况。

第一，美国债券保险机构的运作模式（见图3-1）。虽然债券保险机构的业务收入同样来源于保费收入和投资收益，但与传统保险机构不同，债券保险机构有其独特的运作模式。它对发行主体所发行的债券提供保险，并收取担保费用，其性质与担保机构有一定相似之处。它只是在证券发行主体没有能力偿还债务或者履行义务时才对债权人进行赔偿。其风险与发行主体的信用评级相关，主要是对其所承保的证券起到信用增级的作用。债券保险机构的级别决定了其所承保证券的级别，而传统的财险公司和寿险公司所持有的证券与其自身的信用级别没有直接联系。国家对债券保险机构所持有的资产没有特殊的要求，债券保险机构可以持有各类证券。

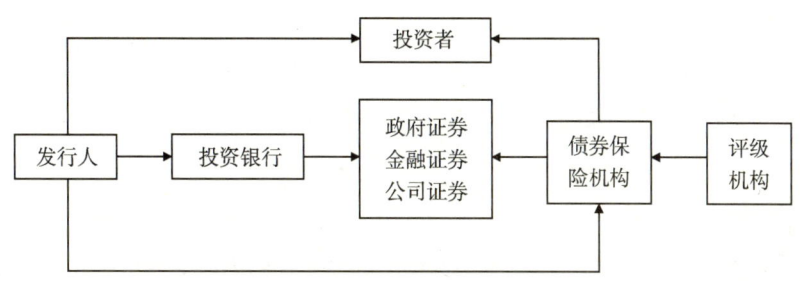

图 3-1 债券保险机构的运作模式

第二，次贷危机对美国四大主要债券保险机构收益的影响。美国四大债券保险机构占据了债券市场份额的 90% 以上，它们的经营和收益情况直接反映了美国债券保险市场的发展情况。而次贷危机的爆发，使得美国的债券保险业遭遇了空前的挑战。美国的几家主要债券保险机构在与次贷相关证券的保险业务中，仅 2007 年第四季度的损失便超过了 50 亿美元。到 2008 年为止，其与次级债务相关的损失累计达到 80 亿美元。

（3）美国债券保险机构的承保赔付。由于美国四大债券保险机构占据了债券市场份额的 90% 以上，所以其承保赔付情况可以反映美国债券保险机构的承保赔付情况。下面以四大债券保险机构 2004～2008 年的数据对其进行观察和分析。

账面总保险费的变化。账面总保险费直观地展示了债券保险机构的承保情况，反映了其经营业绩和业务实力。2004～2008 年，四家公司的账面总保险费的变化情况不尽相同（见图 3-2），AMBAC 和 FGIC 两家公司在 2004～2007 年账面总保险费变化不大，走势平稳，但均在 2008 年有大幅显著下降，降幅分别为 48% 和 74%；而 MBIA 与 FSA 两家公司在 2004～2007 年账面总保险费稍有下降，但在 2008 年则有较大幅度的提高，涨幅分别为 63% 和 47%。这表明，占市场份额最大的 MBIA 和 FSA 两家公司在经营债券保险业务上还是有着较强的业务实力，承保能力较强，能够较好地抵抗次贷危机所带来的市场冲击，而其余两家在此方面则有所欠缺。

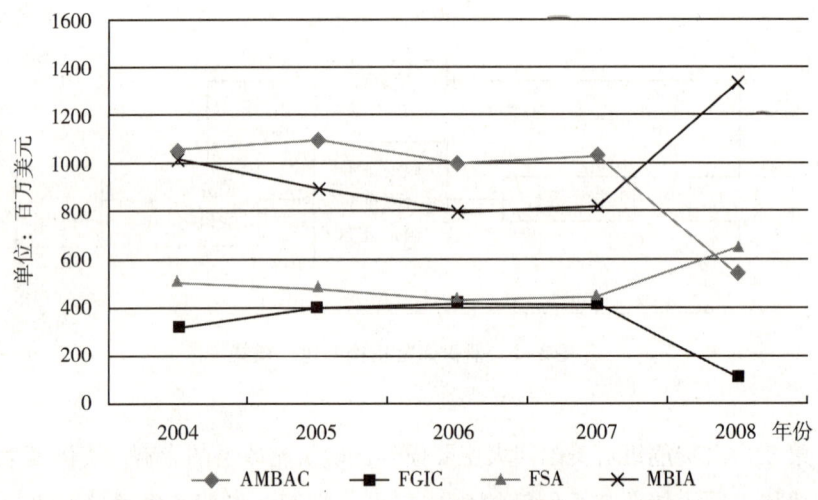

图 3-2　2004~2008 年四大债券保险机构的账面总保险费

资料来源：四家公司 2004~2008 年年报。

净投资收入的变化。净投资收入是债券保险机构收入的一大主要来源，其变化情况可以在一定程度上反映债券保险机构的投资策略和取向。2004~2007 年，四家公司的净投资收入都处于不断增加的状态（见图 3-3），其中 MBIA 公司的净投资收入远远高于其他三家公司且增长十分迅速，这说明它把握住了当时的投资高增长点并且得到了充裕资金的有力支持。此后受次贷危机的影响，净投资收入的下降也是意料之中的事，然而只有 MBIA 公司的净投资收入有大幅下降，2008 年相较于 2007 年下降了 29.5%，FGIC 公司有小幅下降，其余两家公司的净投资收入仍然是稳步上升的。由此可以看出，MBIA 公司所投资的产品多是高风险、高收益的，而其他三家的投资策略则是较为保守和稳妥的。

第三章 金融危机对全球原保险市场的直接影响和分类分析

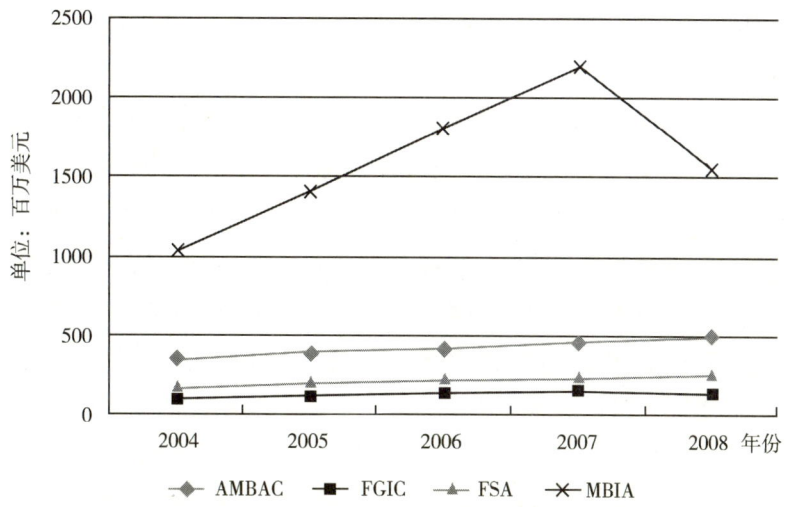

图3-3 2004~2008年四大债券保险机构的净投资收入

资料来源：四家公司2004~2008年年报。

总资产的变化。总资产反映了公司的经营规模和实力，由图3-4可以看出，MBIA和FSA两家公司的总资产规模最大，所以相对地抗击风险的能力也要稍强一些。在2007年以前，四家债券保险机构的发展势头良好，总资产规模

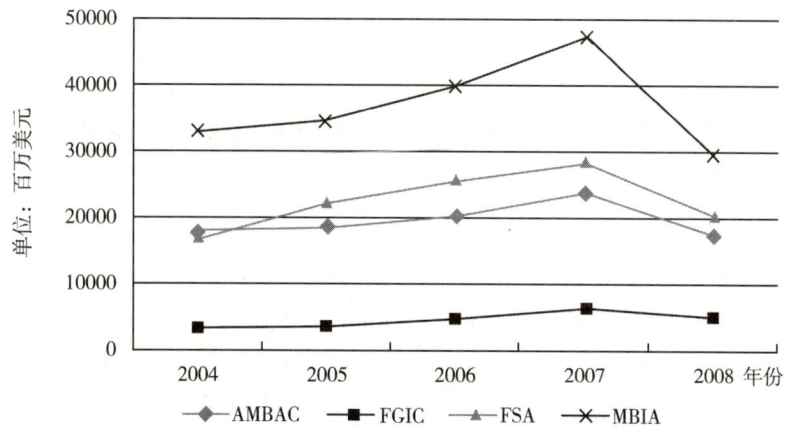

图3-4 2004~2008年四大债券保险机构的总资产

资料来源：四家公司2004~2008年年报。

均呈平稳增长态势，但 2008 年缩水较为严重，其中以 MBIA 公司最为严重，缩水幅度为 37.5%。

亏损和索赔准备金的变化情况。四家公司亏损和索赔准备金的变化情况大体一致（见图 3-5），2004~2006 年基本上都保持在一个很低的水平，但是在 2007 年次贷危机爆发后都突然急剧增长，均达到有史以来的最高水平。这主要是因为信贷市场的紧缩状况使得客户索赔率上升，迫使它们不得不大量增加索赔准备金。其中，FSA 公司的索赔准备金从 2007 年的 2.75 亿美元猛增至 2008 年的 17.79 亿美元，增幅高达 548%；而 AMBAC 公司则从 4.84 亿美元增至 22.66 亿美元，增幅达 369%。

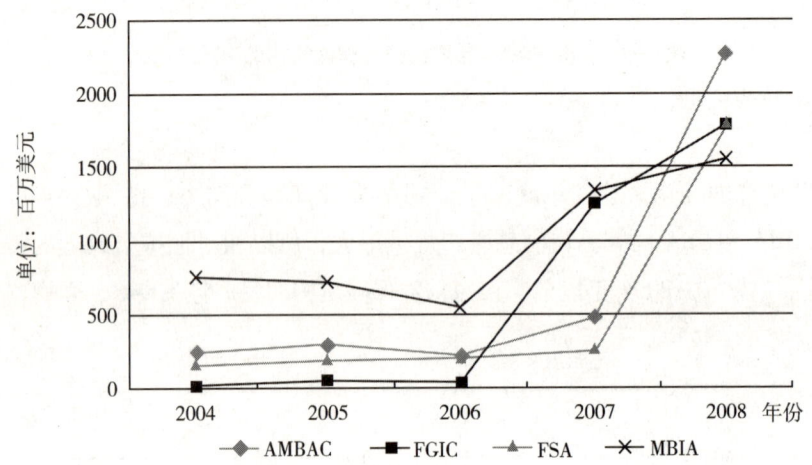

图 3-5　2004~2008 年四大债券保险机构的亏损和索赔准备金

资料来源：四家公司 2004~2008 年年报。

净收益/损失的变化。净收益/损失最直接地反映了债券保险机构的经营收益情况，四家公司在 2004~2006 年都一直保持在一个相对平稳的盈余水平上（见图 3-6），但从 2007 年开始出现严重亏损，尤其是 FSA 公司，2008 年其净亏损高达 84 亿美元，是 2007 年的 127.5 倍。

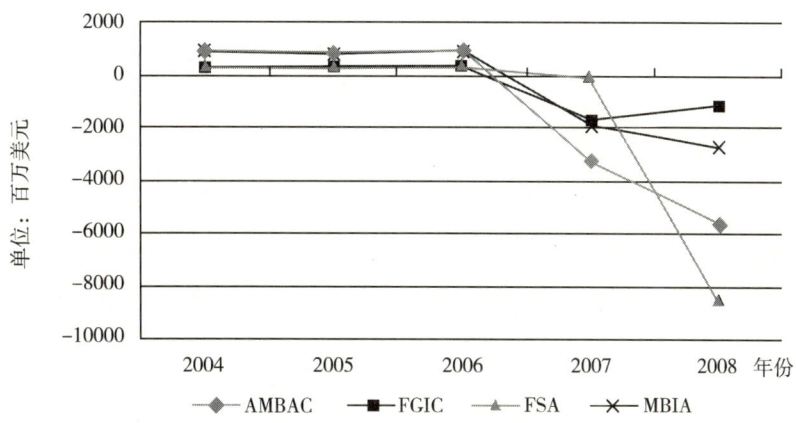

图 3-6 2004～2008 年四大债券保险机构的净收益/损失

资料来源：四家公司 2004～2008 年年报。

股东权益的变化。股东权益也是一个很重要的财务指标，它反映了公司的自有资本。当总资产小于负债时，公司就陷入了资不抵债的境地，这时，公司的股东权益便消失殆尽。如果实施破产清算，股东将一无所得。相反，股东权益金额越大，该公司的实力就越雄厚。2004～2008 年，四家公司的股东权益变化情况也表现出基本相同的趋势（见表 3-1 和图 3-7）。2007 年以前都是稳步增长，但是在 2007 年都出现了拐点式下降且降幅很大。其中，2008 年除了 MBIA 外，其余三家的股东权益都为负值，最严重的 FSA 公司，为 -51.85 亿美元。

表 3-1 2007～2008 年四大债券保险机构的股东权益降幅对比 单位:%

公司名称	2007 年	2008 年
AMBAC	63.17	265.90
FGIC	77.85	210.32
FSA	42.04	428.59
MBIA	49.25	72.81

资料来源：根据四家公司 2004～2008 年年报计算得出。

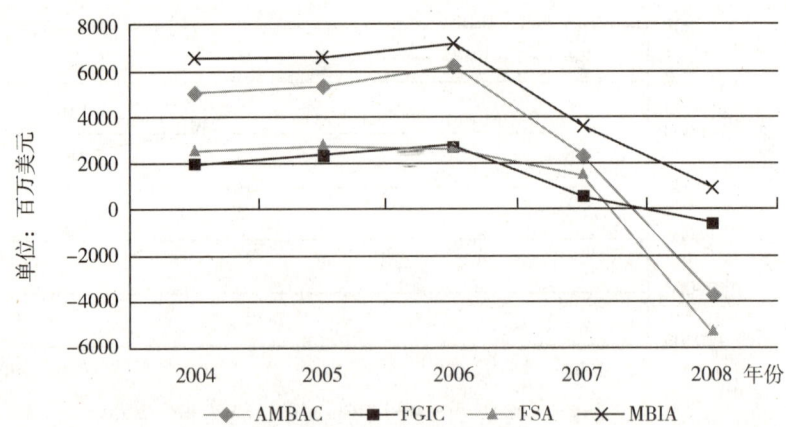

图 3-7　2004~2008 年四大债券保险机构的股东权益

资料来源：四家公司 2004~2008 年年报。

赔付率的变化。赔付率的高低直接影响着盈利能力和利润率的高低，2007 年前后的变化可以反映受金融危机影响承保赔付的变化。由于缺乏 FGIC 与 FSA 公司的赔付率数据，这里仅对 AMBAC 与 MBIA 公司进行分析（见图 3-8）。在 2007 年以前，两家公司的赔付率都维持在一个很低的水平上，基本上不到 10%，反映了较好的盈利能力和较高的利润率；然而 2007~2008 年赔付

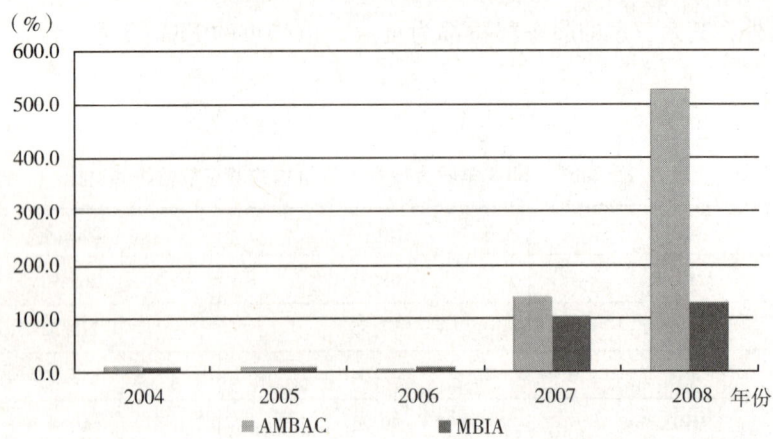

图 3-8　2004~2008 年 AMBAC 与 MBIA 公司的赔付率

资料来源：两家公司 2004~2008 年年报。

第三章 金融危机对全球原保险市场的直接影响和分类分析

率均大幅提高,都超过了100%,其中AMBAC公司在2008年甚至达到了528.2%的极高赔付率,这给该公司造成很大的财务负担。

股价的变化。在四家债券保险机构中,AMBAC与MBIA两家公司在纽约证券交易所(NYSE)上市,截至2009年7月21日,AMBAC公司市值为2.787亿美元,资产收益率为-21.5,最新财年每股盈余为-1.36美元(见图3-9);MBIA公司市值为8.875亿美元,市盈率为2.5,资产收益率为1.6,利润率为7.4%,最新财年每股盈余为3.34美元(见图3-10)。

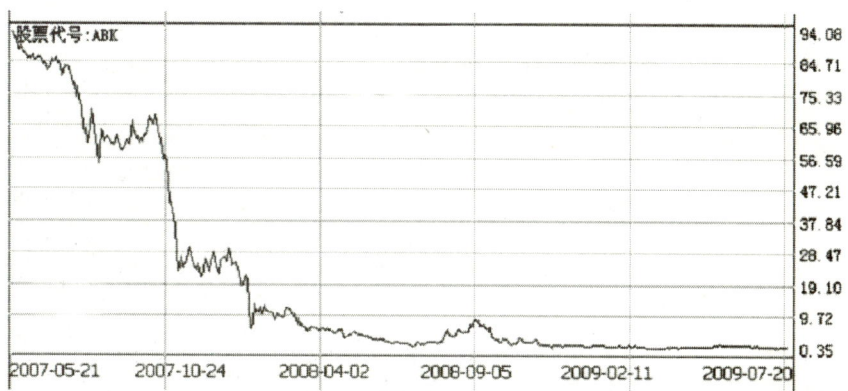

图3-9　AMBAC公司自2007年5月后的股价

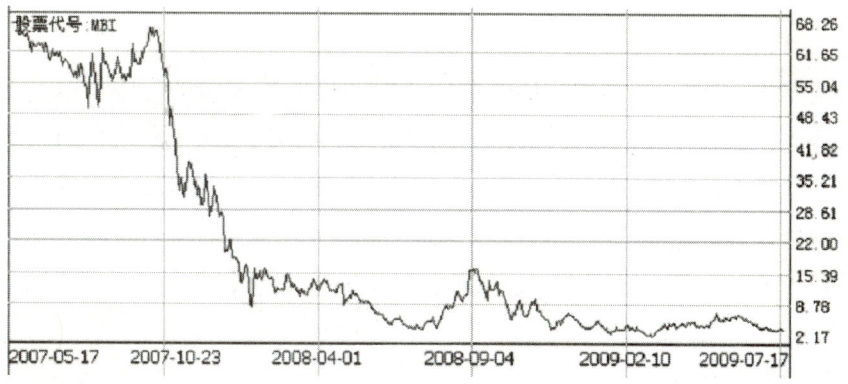

图3-10　MBIA公司自2007年5月后的股价

金融危机对全球保险业的影响

在次贷危机的强力冲击下,2007年5月后,两只股票的股价几乎呈直线式下降,AMBAC公司股价由2007年5月的90多美元降至2009年的1美元不到,而MBIA公司股价由2007年5月的60多美元降至2009年的4美元左右。

评级的变化。受次贷危机的影响,由于债券保险公司业绩出现大幅下滑,从而导致资本财务灵活性受损,盈利能力急剧下降,国际评级机构对各大债券保险公司的信用等级予以不同程度的调整,其中四大主要债券保险机构也未能避免被降级的命运(见表3-2)。

表3-2 次贷危机前后国际评级机构对四大债券保险机构的评级

保险机构		穆迪	标普	惠誉
次贷危机前	AMBAC	Aaa 稳定	AAA 稳定	AAA 稳定
	FGIC	Aaa 稳定	AAA 稳定	AAA 稳定
	FSA	Aaa 稳定	AAA 稳定	AAA 稳定
	MBIA	Aaa 稳定	AAA 稳定	AAA 稳定
次贷危机后	AMBAC	Ba3 负面	BBB 负面	撤销评级
	FGIC	Caa3 负面	CC 负面	撤销评级
	FSA	Aa3 负面	AAA 负面	AA+ 负面
	MBIA	Ba3 负面	BBB 负面	撤销评级

资料来源:四家公司的国际网站。

从2008年初,三大国际评级机构不断调低四家公司的评级,由其承保的债券也将面临降级危机。此外,债券保险公司信用等级下降可能对市场产生巨大的影响,一方面导致次贷违约率进一步提高,另一方面又促使投资人大量抛售低等级债券。这导致债券保险公司财务及信用状况进一步恶化,如此反复形成一个恶性循环,使次贷危机的影响程度越来越大,波及范围越来越广。

2. 责任险核保损失

与次贷有关的核保损失。次贷危机使得许多牵涉其中的利益相关者遭受损失,从而引发了很多诉讼案件。例如,由于银行核销和冲减次贷损失使得盈利大幅减少,甚至一些按揭贷款机构为此破产,引起许多投资者集体上诉,控告企业管理层误导、错误披露或者其他失当行为。类似的诉讼案件还包括借款人投诉房贷经纪公司、借款人投诉投资银行、监管机构投诉商业银行等。据不完全统计,仅在2007年,就发生了278起与次贷危机有关的诉讼案件。这些案件中许多属于职业责任保险的承保范围,主要包括高管/董事责任险(D&O)和错误/遗漏责任险(E&O),在公司董事或者高管人员受到行为失当的起诉时负责诉讼案件的法律费用以及部分法律赔偿金的支付。诉讼案件的增多意味着职业责任保险保单的索赔数量将显著增加,从而影响责任险业务的盈利水平。特别是董事/监事及高级管理人员责任险(简称D&O责任险)的赔付,据估计总赔付在30亿~90亿美元。

尽管职业责任保险的赔付率将随次贷诉讼案件的增加而显著上升(许多财险公司的报表已有反映),但到2008年为止,却并没有对责任险的市场供给产生大的冲击。调查报告显示,截至2008年2月,在美国投保高管/董事责任险和错误/遗漏责任险虽然审查更加严格,但仍然可以购买到,并且这两个险种的费率和保单条款也都没有发生明显的变化。这种看似较为反常的现象其实背后有着一定的合理性。在经历了石棉索赔、"9·11"危机、飓风等重大巨灾事故后,美国保险公司的风险防范意识和风险管理机制普遍大为增强。例如,丘博保险公司(Chubb)在风险评估的基础上,提高了对高管/董事责任险的承保条件,甚至对一些风险较高的投资银行和次级贷款经纪公司停止销售此类保险,并相应调整再保险结构,从而将责任险的风险暴露限定在可以控制的范围内。由此,次贷危机虽然使得责任险的赔付率有所升高,但由于风险管理措施的有效实施,提高了保险公司应对突发事件的能力,对市场供给的冲击自然最大程度地得到了缓解。

二、保险业投资收益受到的影响

近年来,投资收益在保险公司的利润结构中占有越来越大的比重,投资活动对保险行业而言变得越来越重要。一方面,证券价格的急剧下滑导致资产的大幅度缩水;另一方面,作为风险的承保者,保险市场遭受与次贷有关的重大

金融危机对全球保险业的影响

损失并面临恶化趋势（业务增长和业绩均受全球经济衰退的影响）。在20世纪90年代末，很多寿险公司过分投资于股票和证券市场，从2000年春起特别是在"9·11"之后遇到了偿付能力不足的问题，仅欧洲的寿险业就出现了1300亿美元的资本缺口。此后，欧洲的大部分保险公司都采取措施减少在证券市场的大额投资，转向比较安全的政府和企业公债，如英国的寿险和健康险公司将投资结构中的股票比重从1999年的50%降至2006年的22%。随着资本市场的发展和金融创新活动的频繁，保险公司对于各种层出不穷的衍生工具投资也多有涉猎。但是，受到本身业务性质和监管法规的限制，大多数美国保险公司仍然遵循了非常谨慎和保守的投资策略，将投资资产主要分布于高等级债券上，严格控制对高风险证券的投资比例（见表3-3和表3-4）。2006年，美国寿险公司平均53%的资产投资于最高等级的债券，19%投资于次高等级的债券，股票投资只占到净认可资产的4.6%；非寿险公司投资于最高、次高等级债券以及股票的比例分别为67%、4%和16%。尽管许多保险公司持有次贷相关资产，但由于比例很小，投资风险暴露处在可控范围内，因此，受到此次次贷危机的直接冲击远远小于商业银行。

表3-3　2008年已被确认的保险公司的损失　　　　　　单位：亿美元

保险公司	国别	业务类型	账面销蚀和直接损失
AIG	美国	直接保险	111
Ambac Fin. Group	美国	债券保险	35
MBIA	美国	债券保险	33
Swiss Re	瑞士	再保险	30
Yamato Life（大和）	日本	人寿险	27
AIOI Insurance	日本	直接保险	7.5
Zurich Fin. Services	瑞士	直接保险	6.2
总计（估计值）			740~1220

资料来源：bloomberg.net.

第三章 金融危机对全球原保险市场的直接影响和分类分析

表3-4 次贷危机对全球保险业造成的损失估计

	非寿险（亿美元）	寿险和健康险（亿美元）	再保险（亿美元）	合计（亿美元）	占投资资产的比重（%）	占股东基金的比重（%）
基本估计	39	270	28	337	0.20	1.50
悲观估计	59	410	35	504	0.30	2.30
最坏估计	98	680	50	828	0.50	3.80

注：不包括金融信用担保的损失400亿美元。

资料来源：Swiss Re Economic Research & Consulting, Sept. 2008.

在次贷危机中，美国国际集团（AIG）是受到冲击最大的保险机构，其金融破产最受公众瞩目。由于其资产管理部门的投资失误，AIG几乎处于破产的边缘。由此也一度引发人们对跨国金融集团向海外转嫁风险的担忧与关注。次贷危机中受损最大的AIG是全球规模最大的保险公司，2007年的自留保费收入（扣除再保险分出后）为800亿美元，其中产险/责任险470亿美元，寿险/健康险330亿美元。到2006年初为止，它的子公司AIGCapital Markets承接了大量的违约信用保险（CDS）业务，为客户提供信用担保。仅此类与房地产抵押证券直接相关的所谓的单一信用保险承担的风险额就达415亿美元，占整个集团注册资本的比例为52%。

2007年前，AIG还是全球第一大保险集团。然而，受次贷危机影响，其市值2008年之后最大跌幅曾逼近90%。为了帮助AIG摆脱财务窘境，美国监管部门旋即宣布，授权AIG可以向其亚洲业务部门获取200亿美元的流动性。此举成为引发人们担心AIG向其亚洲分支公司转嫁财务危机的导火索。包括友邦、美亚在内的AIG旗下主要亚洲公司纷纷涌现退保风潮，其中尤以中国香港与新加坡为甚。为平息舆论，AIG紧急宣布寿险业务为其核心资产，绝不会向亚洲公司获取流动性。在最后时刻，美联储出手，向AIG提供850亿美元的巨额贷款，使其暂时避免破产噩运，为其拆分资产、断尾求存赢得了时间。

三、投保业务收入及利润等财务报表受到的影响

由于次贷危机引发全球经济衰退,导致保险公司的业务增长和业绩均受全球经济衰退的影响,评估公司也纷纷降低保险公司的评级。比如,Morgan Stanley 在 2008 年 10 月 10 日将全球主要保险公司股价的预期值平均降低 9%,主要理由是该公司认为保险业在欧美和亚洲的保费收入将明显减少,特别是对人寿险公司而言。因为在全球经济衰退时对人寿产品的需求将明显下降,而这类产品多带有长期投资的特性,与金融市场的回报直接相关。另外,次贷危机使投资者对保险行业的信心锐减。已经受美国政府对 AIG 的紧急援救方案影响的投资信心再次受到日本大和人寿破产的打击。股市的直接反映——Dow Jones Stoxx 600 保险指数,在 2008 年 10 月 10 日一天内就下降 10%。2008 年之后已降低了 45.5%,其中最严重的是人寿保险公司。

1. 对欧美保险公司的影响

全美排名第一的人寿保险公司大都会人寿,其 2008 年第三季度财务报告显示,当季持续经营收入为 10.31 亿美元,摊薄至每普通股为 1.42 美元;营业利润为 6.39 亿美元,折合每股盈利为 0.88 美元,比 2007 年同期下降了 39%。截至 2008 年第三季度,大都会人寿资本溢出达 60 亿美元,持有现金及现金等值亦从第二季度末的 140 亿美元增加至 210 亿美元。而该公司年金业务同比下跌 65%,营业利润从 2007 年的 2.35 亿美元下降至 2008 年第三季度的 8300 万美元。①

随着越来越多的商业房贷到期,2008 年第二季度,美国联邦存款保险公司(Federal Deposit Insurance Corp., FDIC)清单上的"问题银行"增加了 30%,达到 2003 年之后的最高水平。FDIC 在其季度报告中表示,截至 2008 年 6 月 30 日的第二季度,问题银行从第一季度的 90 家增加到了 117 家。FDIC 在贷款保险方面的净利润为 49.6 亿美元,与 2007 年同期的 368 亿美元相比,大幅下降了 87%。由于贷款需求不断增加,该公司第二季度的收入也出现大

---
① 张颖. 美大都会三季度利润降 39%. 国际金融报,2008-11-5.

第三章 金融危机对全球原保险市场的直接影响和分类分析

幅下滑。FDIC 主席贝尔（Sheila Bair）在发布会上称，2008 年以来，美国已经有 9 家银行陷入危机，随着次贷危机问题日趋严重，将有更多的银行卷入其中。投资大师巴菲特的旗舰投资公司伯克希尔·哈撒韦公司也没能避开美国次贷危机的冲击。该公司发布的财报显示，2007 年第四季度实现利润 29.5 亿美元，比 2006 年同期下降 18%。一直以来，哈撒韦公司有一半的收益来自保险业。哈撒韦公司 2008 年 2 月 29 日的声明称，公司净收益由一年前的 35.8 亿美元下降至 29.5 亿美元，每股由原来的 2323 美元下降至 1904 美元。

欧洲保险业在这次危机中也遭受重创。欧洲最大保险业集团德国安联保险集团由于受到次贷危机的影响，2007 年第四季度集团盈利 6.65 亿欧元，远低于 2006 年同期的 14 亿欧元，同比大跌 52%。季度营业额小幅增长 4%，为 259 亿欧元。受旗下德累斯顿银行的次贷相关资产减计影响，2008 年第一季度营业利润达 18 亿欧元，比 2007 年同期的 29 亿欧元下滑 38%，净利润下滑 66%，降至 11 亿欧元。①

法国最大的保险公司、欧洲第二大保险商企业、世界第三大保险集团法国安盛保险公司（AXA）由于金融市场的动荡，2008 年上半年业绩大幅下滑，净利润锐减三成。财报显示，2008 年上半年安盛净利润为 21.6 亿欧元（合 33 亿美元），同比大幅下降了 32%。2008 年上半年次贷危机引发金融市场持续动荡，全球股票市场走势疲弱，安盛上半年的证券资产减记额达 7.86 亿欧元。②

英国最大保险和抵押贷款银行哈利法克斯银行（HBOS）面临强制接管。英国劳埃德银行在 2007 年 9 月 17 日承认，正就强制接管哈利法克斯银行（HBOS）进行谈判，该谈判已升级到英国首相布朗出面。哈利法克斯银行占英国住房抵押贷款市场份额的 1/5，发放的住房贷款高达 2350 亿英镑（约合 4200 亿美元），同时吸纳了英国 16% 的储蓄金额。2008 年 9 月该银行股价已跌了 70%，在市场做空压力下大厦将倾。2007 年 10 月 13 日，英国戈登·布朗（Gordon Brown）政府接管苏格兰皇家银行（Royal Bank of Scotland Group Plc，RBS）与哈利法克斯银行，收购两家银行多数股权，以寻求遏制这场自

---

① 受次贷危机拖累 欧洲最大保险集团季度盈利大跌. 新华网，2008-2-22.
② 法国保险巨头安盛上半年净利润锐减三成. 新华网，2008-8-8.

金融危机对全球保险业的影响

20 世纪 30 年代以来最恶劣的金融危机。①

比利时 Ethias 保险公司受比利时第二大银行 Dexia 连番下跌的股价拖累，深陷财务困境，2007 年 10 月 19 日接受政府再度提拨 15 亿欧元（20 亿美元）的救援资金。这已是金融风暴之后，比利时资助的第三家金融机构。Ethias 是 Dexia SA 的股东之一，拥有 5% 股份。Dexia 在 2008 年 10 月内股价暴跌 60%，必须靠接受法国、比利时和卢森堡政府联合挹注 64 亿欧元，并为其新贷款作保，才免于倒闭危机。②

2. 对亚太特别是日本保险公司的影响

在这一轮次贷危机中，与欧美相比，日本保险公司蒙受的损失较少。这和日本保险公司在经历 11 年的经济严冬后具备了稳健经营的良好手段以及资金运用的成功经验有很大的关系。但是，由于日本经济和美国经济密切相关，金融机构之间往来频繁，日本保险业遭受的损失逐渐显现出来。

受美国次贷危机影响，日本的金融机构大和生命保险公司（创立于 1911 年，在日本保险公司内排名第 10 位）持有的证券价值萎缩，导致亏损扩大。大和生命一直高成本经营，为追求利润而过度依赖高风险、高回报的金融商品。由于此次美国次贷危机相关损失不断扩大，使该公司财务状况不断恶化，截至 2008 年第三季度末，负债总额已高达 2695 亿日元（约 27 亿美元）。2008 年 10 月 10 日，大和生命保险公司向东京地方法院提交申请，要求适用为破产而设置的《更生特例法》，放弃自主重建，正式宣布破产。大和生命保险的破产也是日本在此次金融危机中破产的首家金融机构。③

2008 年 10 月 10 日，保德信金融集团成为又一家发出季度盈利预警的主要保险公司。历次金融危机中，一些标志性公司倒下之后，都会牵连到更多中小公司，甚至大中公司倒闭。寿险公司纷纷出现盈利预警的原因主要是，寿险公司在按揭证券及股市、债市等的损失不断加大，而它们原本从年金业务中获得手续费收入的业务因股市下跌而蒙受损失，造成寿险公司股价大跌，甚至使

---

① 师琰. 英国最大保险和抵押贷款银行 HBOS 面临强制接管. 21 世纪经济报道, 2008-9-18.
② 中金在线. 比利时再拨 15 亿欧元救助保险公司 Ethias, http://finance.qq.com, 2008-10-21.
③ 中新网. 亚太股市纷纷下挫，亚太经济体出台金融危机对策. 中国新闻网, 2008-10-11.

保险股的定价处于恐慌状态，需要再融资以维持信用评级的支持。①

日本公共养老基金在这次次贷危机中也蒙受了近5年来最大亏损。2008年7月4日，负责日本公共养老基金投资管理的政府年金投资基金（Government Pension Investment Fund，GPIF）公布了截至2008年3月底的2007财年年报，公布年度亏损高达5.84万亿日元（约585亿美元）。这也成为近5年来，日本公共养老基金运用首次出现年度投资亏损。就在GPIF爆出亏损的前一天，日本执政党自民党主权财富基金小组完成一份报告，呼吁政府动用公共养老基金资产，成立规模为10万亿日元的主权财富基金（SWF）。GPIF正是由社保缴费形成的"缴费型"主权养老基金的代表。主权养老基金和主权财富基金的投资侧重点不同。前者追求安稳，风险容忍度低，自然收益也下降；但后者恰恰相反，追求高风险、高收益，这由基金的性质决定。②

韩国现代经济研究院2008年发表的一份研究报告认为，由于韩国金融机构的房地产相关贷款比重过大，韩国也存在爆发次贷危机的风险。报告说，2001年以后，韩国的个人住房抵押贷款以及面向房地产和建筑业中小企业的贷款大幅增长，**房地产相关贷款在银行总贷款中的比重达47%**，高于20世纪90年代日本房地产泡沫破裂前的23%~26%。似乎每次金融风暴来临时，亚洲最敏感的总是韩国。归根究底，金融体制脆弱是韩国经济系统中最大的问题。短短的10年内，韩国的经济系统就完成了从一个极端跳跃到另一个极端的过程。1997年金融风暴爆发前，韩国的官管金融体制与金融监管缺陷让银行贷款方向和风险都过分集中，也缺乏对风险的应对经验，从而导致在金融危机来袭的时候，实体经济和金融系统都遭受到了全方位的打击。此次次贷危机带给整个亚洲的影响相对较小，而韩国仍然受到了重创。这要从金融危机后韩国的金融体制改革说起。1997年金融风暴过后，韩国总结教训后决定在整治内部金融行业的同时，也全面开放金融市场，让自由经济为主导，以追求短时间内得到迅速发展，摆脱本国经济因国家债务问题而受IMF影响的困境。实行自由经济帮助韩国实现了快速复苏的过程。对银行外资控股比例不加控制的

---

① 赵萍．总负债27亿美元，日本大和生命保险破产．21世纪经济报道，2008-10．
② 曹咏．日本养老金巨亏5.84万亿 数千万人受影响．21世纪经济报道，2008-7-10．

开放式经济，吸引了相当程度的外资进入，也增强了韩国本国经济的活力，使进出口贸易得到了极大发展。但是这也导致了韩国银行系统对外部资金过于依赖，有对外贸易的企业也对韩币兑美元的汇率更加敏感，而这也为次贷危机中韩国的损失埋下了伏笔。①

中国台湾金融、保险业在次级房贷风暴中也遭受严重冲击。据东森新闻网报道，美国次级房贷风暴持续扩大，中国台湾金融业受到拖累影响，不少损失金额开始浮上台面。台湾金管会 2007 年的一项调查显示，在保险业部分，包括 9 家的寿险公司，投资含有美国次级房贷相关商品大约新台币 300 亿元，再加上 3 家产险公司的新台币 1.88 亿元，乘上次级房贷平均比率 31.34%，金额就高达新台币 94.6 亿元。2007 年 8 月已经确定发生损失的公司有两家，一个是台湾人寿，损失新台币 4.47 亿元（约 1.11 亿元人民币）；另一个是明台产险，损失新台币 200 多万元（约 60 万元人民币），总计新台币 4.5 亿元（约 1.12 亿元人民币）。两者占其整体对外投资新台币近两兆元的 0.0225%；另外投信基金部分也有近千万美元的亏损，其他公司截至 2007 年 8 月还没有账列损失。②

次贷危机引起部分美资保险公司在中国香港和中国澳门及新加坡的退保潮，但对这些地区保险业未造成结构性影响。受 AIG 事件影响，其附属公司友邦保险（AIA）的投保人担忧保单安全性，在中国香港和新加坡涌动了"退保潮"。据报道，2008 年 9 月 16、17 两日，在中国香港，友邦保险遭遇退保 2000 份左右。而 AIA 在中国澳门与香港的总承保量有 200 多万份保单，其中 95% 以上都在中国香港。在新加坡，许多客户一早就在友邦公司办公地点排队退保。尽管美国政府迅速以 850 亿美元接管了 AIG，但客户仍然担心友邦母公司 AIG 倒闭，连累友邦。③

3. 对中国保险公司的影响

美国次贷危机引发的全球金融动荡对中国的影响逐步显现，但中国保险业

---

① 刘爽. 韩国为何老躲不过金融危机. 证券时报，2008-10-27.
② 星岛网讯. 次贷危机：台湾保险、银行业损失近百亿. 星岛环球网，2008-8-10.
③ 孙晓宇. 次贷危机引发"退保潮"，保险业何处寻出路. 投资与理财，2008-10-20.

第三章 金融危机对全球原保险市场的直接影响和分类分析

受此次危机影响相对较小。直至2008年9月底，我国保险业未持有次级债、两房债等问题债券和衍生产品，也未持有QDII产品。保险市场总体上保持了安全稳健运行。中国平安是受美国次贷危机影响最大的中国保险公司。2007年11月底，中国平安斥资18.1亿欧元购入富通9501万股股票，占其总股本的4.18%，成为富通单一最大股东。当时，中国平安对富通的每股出价相当于19.05欧元。目前，中国平安持有富通集团4.99%的股份。截至2008年10月3日，富通集团股价为5.41欧元。财务报表显示，2007年，中国平安全年净利润为192.19亿元；2008年上半年，受资本市场下跌等因素影响，中国平安净利润73.1亿元，比2007年同期下降12.2%。2008年10月6日，中国平安发布公告称，公司拟在2008年三季报中对富通集团股票投资进行157亿元减值准备，并终止其投资富通投资管理公司50%股权的协议。

与美国国际集团（AIG）有关的美国保险公司在华分支机构，如美国友邦保险有限公司（AIA）的在华分支机构遇到部分地区退保潮，承保利润下降的风险也值得警惕。除中国平安外，其他国内保险公司几乎没有受到太大影响。中国人寿保费收入强势增长。中国人寿2008年前三季度累计保费收入2485亿元，同比增长57%，其中，8月保费收入222亿元，同比增长94%。太保寿险2008年1~8月保费收入494亿元，同比增长58%，其中，单月保费收入57亿元，增速57%。财险保费收入增速放缓。太保财险2008年1~8月累计保费收入197亿元，同比增长19%，其中，单月保费收入19亿元，同比增长9.13%。太保财险的保费增速较7月有较大程度的放缓。虽然次贷危机没有对中国保险公司造成大的亏损，但是，它让保险业快速发展的势头遭到遏制。保监会为应对次贷危机，对银保业务风险发出警示。三大保险公司保费收入虽然仍能保持稳定增长，但是快速增长的势头受到打击。中国人寿保险业务收入增长较快，除上半年银保产品热销推动的因素外，还与上年同期较低的基数有关。[①]

---

① 丁冰. 保险公司主业仍稳健，回归保障功能. 中国证券报，2008-10-29.

金融危机对全球保险业的影响

第二节 金融危机对全球原保险市场直接影响的分类分析

一、规模不同，受到的影响不同

多数保险公司由于严格控制次贷相关债券的投资而受到较小的直接冲击，少数大保险公司则蒙受巨额亏损。

近年来，投资收益在保险公司的利润结构中占有越来越大的比重，投资活动对保险行业而言变得越来越重要。如前所述，随着资本市场的发展和金融创新活动的频繁，保险公司对于各种层出不穷的衍生工具投资也多有涉猎。但是，受到本身业务性质和监管法规的限制，大多数美国保险公司仍然遵循了非常谨慎和保守的投资策略，将投资资产主要分布于高等级债券上，严格控制对高风险证券的投资比例。尽管许多保险公司持有次贷相关资产，但由于比例很小，投资风险暴露处在可控范围内，因此，受到此次次贷危机的直接冲击远远小于商业银行。正如美国保险信息协会（ISO）的副主席所评论的那样："大多数美国保险公司受到此次危机的影响很小……要感谢保险公司保守的投资组合管理策略以及州保险条例的严格监管。"

二、投资策略不同，受到的影响不同

大多数美国保险公司仍然遵循了非常谨慎和保守的投资策略，将投资资产主要分布于高等级债券上，严格控制对高风险证券的投资比例，因此，投资风险处在可控范围内，受到此次次贷危机的直接冲击较小。

少数大的保险公司由于采取了相对激进的投资策略，在次贷支持类债券上进行了大量投资，从而蒙受了巨额亏损。例如，全球最大的保险公司美国国际

第三章 金融危机对全球原保险市场的直接影响和分类分析

集团（AIG）在住宅抵押市场的投资额占公司全部投资资产的11%，远高于行业平均水平，在次级房贷违约率上升的情况下，形成了巨额的投资亏损。2008年初，AIG宣布对次级抵押贷款支持债券相关衍生品冲减111亿美元，从而使得2007年第四季度亏损高达52.9亿美元，创造了自1919年成立以来最大的季度亏损纪录。

三、业务重点不同，受到的影响不同

保险行业已经成为2007年末以来受到次贷危机冲击的主要对象，金融担保公司更是"重中之重"。由于被担保的债券通常会获得与承保企业相同的资信评级，一旦金融担保公司的财务评级普遍下调，必然导致大量债券的投资评级被下调，从而促使投资人大量抛售低等级的债券，给处于次贷危机中的债券市场带来更大压力；持有这些债券的相关金融机构将出现更大的资产损失，各金融机构也将再减记数百亿美元的资产，导致金融业出现第二轮资产损失计提，其影响是全局性的。

次贷危机只让参与次级住房抵押贷款的保险公司和部分投资连接产品蒙受损失，由于传统保险业务的收益维持稳定，且次级抵押贷款风险可控，资本充足情况维持较好，故不会对传统人寿保险公司和财产保险公司的正常经营产生重大影响。

1. 保障型寿险

整体而言，人寿保险公司在次贷相关资产的敞口较为有限，评级为AA以下的次贷敞口比例更小，处于可控状态。与Alt-A类证券相关的风险主要可能带来收益上的一定损失，尚不至恶化为评级下降的风险。该行业目前的增长和盈利模式较为稳定，但资本市场的下跌通过财富效应等渠道将影响保费收入和消费行为，使该行业的盈利能力受到一定的影响。据估计，这一行业2008年的营业收入增加8%~10%，股权回报率（ROE）达到10%~15%，后者与2007年的状况持平或略高。由于具备了稳定的收入和可预测的增长，资本相对充足是当前人寿保险公司的核心优势。例如，雷曼兄弟估计2008年该行业总体权益增长12.3%。显然，盈利能力的健康增长为该行业提供了一个好的

金融危机对全球保险业的影响

信用背景,对几家大型公司还出现了几个评级上升的案例。如在 2007 年 5 月和 12 月 5 日,标准普尔和穆迪分别提升了 Prudential(保德信)的评级。

从 2007 年 8 月数据来看,寿险保费收入并未受保单利率下调的明显影响。由于退保成本较高,股市楼市吸引力下降,居民资金并没有更好的去处,同时买保险的人很大一部分还是注重保障功能的,因此,未来保单利率的变动可能会失去部分对收益敏感的保费,但影响程度有限。

保障型寿险业务增长主要受益于投资型保险的替代品股票、基金等投资产品的不景气所导致的资金流向转换,而一旦分红率及结算利率出现明显下降将会影响到银行保险及投资型产品的销售,结果将会形成保费收入的大起大落。此外,上市保险公司的偿付能力大幅下降,在资本更为稀缺的情况下银行保险的发展必然受到限制。

2. 万能险

万能险英文意思为全能的、可变的寿险产品。称为万能,是因为它融合了保险保障和投资功能。客户缴纳的保险费分成两部分:一部分同传统寿险一样,为客户提供生命保障;另一部分将进入其个人账户,由专家进行稳健投资。

在承接 2007 年 8 月普遍大幅下滑的基础上,国内大部分寿险公司公布的 9 月万能险结算利率数据,已呈现进一步下调趋势。万能险年结算利率从 6、7 月份 6% 的高位降至 4%~5%,最低者已下探至 3.65%。三大保险公司公布了 8 月万能险结算利率,国寿继续下调旗下的万能产品结算利率 45 个基点至 4.05%。平安除个人银行万能保险结算利率下调 50 个基点至 5.5% 外,其他种类的万能险维持不变。太保的金丰利系列万能险结算利率下调 20 个基点至 5%。

随着分红率和万能险结算利率下降,利率、银保的非良性比拼之战告一段落,行业竞争也开始趋于理性。保险公司之后两年发展的主基调是业务调整和谨慎控制股票投资规模。而在进入降息周期、投资收益下滑后,保险产品的最大亮点也将从回报率转移到风险保障的功能上来。在产品选择上,保户会抛弃投资型险种,选择购买一些传统型、储蓄型保险产品。

第三章　金融危机对全球原保险市场的直接影响和分类分析

3. 财产保险

财产保险包括财产损失保险、汽车保险、农业保险、责任保险、意外险、信用保险等，保险期间一般为1年，保费收入属短期资金，不宜做长期投资。因此，在这次金融危机中，受直接影响较小。随着世界经济放缓，总量萎缩，对财产保险的间接影响将逐步显现。

由于美国经过4年的加息已经转而进入降息期，2003年底后保费收入也随之下降，利润率可能随利率变化和市场竞争加剧正常下滑。财产保险公司的拨备情况良好，其资产负债的良好情况有利于在未来一年中保持稳健、宽松和灵活的营运趋势。在资本充足方面，较好的盈利环境、更精细的资金管理以及更严格的评级机构的资本要求，正促进该部门提高其资本充足状况。这些都支持该部门能够顺利渡过目前的动荡局面。财产保险公司有可能保持其在近年来的强劲增长。

4. 银行保险

银行保险（Bancassurance）是由银行、邮政、基金组织以及其他金融机构与保险公司合作，通过共同的销售渠道向客户提供产品和服务；它是不同金融产品、服务的相互整合，互为补充，共同发展；它作为一种新型的保险概念，在金融合作中，体现出银行与保险公司的强强联手，互联互动。这种方式首先兴起于法国，中国市场刚刚起步。与传统的保险销售方式相比，它最大的特点是能够实现客户、银行和保险公司的"三赢"。

前些年，银行代理业务更是异军突起，势头相当迅猛，据统计，自2000年起各家银行柜面代销量不足10亿元，2001年为47亿元，至2007年已超过2000亿元，2008年上半年已超过2007年全年总量，增速极快，在人寿保险总保费收入中占比已超过30%。银行保险之所以能得到迅速发展，是由金融领域经营环境的变化、银行和保险公司扩大服务领域和增加利润来源的客观要求、客户需求的不断变化所决定的，而我国现今乃至将来的经济环境都将促进银行保险较大的发展；然而，美国突发的金融危机触及各国各领域的神经，让世界各国都积极为金融体系的安全想尽办法和措施，作为中国的保险公司也不例外，而保险中越来越占据重要地位的银行代理业务也不得不考虑对风险的防范。

5. 出口信用保险

信用保险是以商品赊销和信用放贷中的债务人的信用作为保险标的，在债务人未能如约履行债务清偿而使债权人遭受损失时，由保险人向被保险人，即债权人提供风险保障的一种保险。根据保险标的性质的不同，可以将信用保险分为商业信用保险、银行信用保险和买家信用保险。根据地理位置的不同，也可以将信用保险分为国内信用保险和出口信用保险。

中国出口信用保险公司提供的 2008 年的统计数据显示，受到次贷危机的影响，该公司出险案件数量比 2007 年有明显增加，报损金额同比增长 222%。从报损地区看，中国香港地区出险案件数量居首，其次为美国和欧洲地区。由于出口欧美的大量订单都是以中国香港作为中转站，因此，中国香港地区的出险数量最多。欧洲地区前三季度出险案件数量比 2007 年全年增长 200%，而北美地区前三季度出险案件则比 2007 年全年增长 40%。广州、佛山、东莞等地受美国金融危机的影响，众多企业的出口增速放缓，一些企业经营不善已经关闭。2008 年之后，美国金融危机波及全球，前 9 个月，原材料大幅上涨，整体经济放缓，部分企业在"严冬"中逐渐退出市场。广东省佛山市某区经贸局的统计数据表明，2008 年该区共有 150 家左右的中小企业倒闭，而 2006 年、2007 年倒闭的中小企业数量均为 100 家左右。令人关注的是，东莞、深圳等地陆续有大型出口企业关闭，部分地区的实体经济开始受到较大冲击。

中国出口信用保险公司福建分公司的数据显示，仅 2008 年 1~5 月，该公司收到的报损金额就达 2 亿美元，超过 2007 年同期的 2 倍；合作伙伴的订单数量减少、付款时间延长甚至破产，造成了广大出口企业坏账数量急剧增加。出口信保福建分公司受国际经济环境影响面临巨大挑战：一是国外买方拖欠货款导致报案件数及金额激增。2008 年 1~9 月，分公司共接报案 100 件，约为 2007 年同期的 2 倍，估损金额 5027 万美元，同比增长近 10 倍，计提未决赔款准备金 3522 万美元，同比增长 36 倍。二是出口贸易环境恶化导致大型出口企业可保标的萎缩。2008 年 1~9 月，分公司前十大保户的保费同比减少 33%，保额同比减少 28%。

6. 健康险

金融危机对健康保险的影响非常小，这主要是因为健康保险具有对国家的宏观调控和资本市场的波动不敏感的特性。健康保险是保障型业务,将逐步成为人们的必然消费,因而,不管资本市场怎样波动,健康保险公司的业务平台都会比较稳定,特别是资本市场不好的时候,健康保险业务同样可以提供比较稳定的、大量的现金流。在资本市场不好的时候,即使是高收入人群,也需要甚至更需要健康保险。因为此时,即便没有破产,也没有相关资产可以随时变现,如果这时本人或家人因为健康问题而出现财务困难的话,将会非常可怕,而花费不多购买健康保险就可以防止"因病致贫"。所以,只要是不能享受全免费医疗保障的社会大众,都需要健康保险,不管资本市场是好还是不好。

7. 责任险

责任保险(Liability Insurance),是指以被保险人依法应当对第三人承担的损害赔偿责任为标的而成立的保险合同。我国《保险法》第49条第2款规定:责任保险是指以被保险人对第三者依法应负的赔偿责任为保险标的的保险。依照责任保险合同,投保人(被保险人)按照约定向保险人支付保险费,在被保险人致人损害而应当承担赔偿责任时,由保险人按照保险单约定承担给付保险赔偿金的义务。因责任保险以被保险人对第三人的赔偿责任为标的,以填补被保险人对第三人承担赔偿责任所受损失为目的,又被称为第三人保险(Third Party Insurance)或者第三者责任保险(Third Party Liability Insurance)。责任保险为填补损害的财产保险的一种。

次贷危机发生后,与其相关的诉讼案件有增多趋势,其中属于职业责任保险承保范围的较多,尤其是高管/董事责任保险和错误/遗漏责任保险。虽然职业责任保险索赔数量增加,从而影响责任险的盈利水平,但因为在经历了一些重大巨灾事故后保险公司的风险防范意识和风险管理机制普遍大为增强,因此,责任保险的市场供给并未受到很大的冲击。

8. 债券保险

债券保险(Bondinsurance),作为一种信用提高手段,是指专业保险公司(债券保险公司)为债券发行人或承销商提供信用担保。这一保险的标的为信用风险,被保险人为债券发行人或承销商,权利人为债券投资人。当保险合同约定的事故发生致使权利人遭受损失,只有在被保险人不能补偿损失时,才由保险人代其向权利人赔偿，从而只是对权利人经济利益的担保。主权信用等级、债券市场规模、利率机制是债券保险机制能否建立并起到应有作用的三大约束因素。

这场次贷危机中，债券保险市场受到全面冲击，并成为影响次贷危机蔓延的关键环节之一。次贷危机爆发后，次贷违约率的上升增加了债券保险公司的亏损，并使得信用评级机构下调了这些保险公司的评级。同时，由于保险公司的信用评级决定着其所担保债券的评级，因此，降低了评级的保险公司会使持有相关债券的金融机构和个人投资者出现更大的资产损失，给处于次贷危机中的债券市场带来更大压力。

次贷危机中受到最直接全面冲击的保险领域为债券保险市场。现代意义的债券保险1971年首先出现在美国的市政债券市场上，主要为各地方政府发行的市政债券提供担保。其后，债券保险公司出于扩展业务的需要，将营业范围从市政债券扩张到了各类高风险的资产担保证券。目前，美国50%左右的市政债券在发行时都有保险担保，相当数量的资产支持证券也购买了债券保险。据估计，受债券保险机构担保的债券规模高达2.4万亿美元。次贷危机爆发以来，次贷违约率的上升增加了债券保险公司的亏损，并使得信用评级机构下调了对这些保险公司的评级。如全球最大债券保险商 MBIA 公司 2007 年第四季度出现公司历史上最严重的单季亏损，AMBAC、FGIC 等债券保险公司也未能保住原有的信用评级，由"AAA"降至"AA"，并存在被进一步调低评级的可能。

债券保险是债券发行的最后一个环节，其主要作用有两点：一是增加债券的信用，有助于提高债券本身的信用等级；二是降低融资成本，特别是对于次贷支持债券这样高风险的债券而言，保险公司的介入极大地增加了其安全性，因此，债券保险的存在对债券市场发展至关重要。此外，由于债券保险实际上是以保险公司的信用为依托，保险公司的信用评级决定着其所担保债券的评级，所以高评级构成债券保险公司经营的基础。一旦债券保险公司的财务评级普遍下调，必然导致其承保的债券评级普遍下调，不仅将会使得持有这些债券的金融机构和个人投资者出现更大的资产损失，也会拖累那些本来风险较低的市政债券估值减少，给处于次贷危机中的债券市场带来更大压力。目前市政债券的2/3是由美国个人投资者直接或者通过共同基金的方式持有，总量高达1.6万亿元，多数都有保险担保。如果债券保险公司失去了3A评级，投资者持有的市政债券价格就会下跌，原以为低风险的投资出现问题，会直接影响到普通美国人的生活。同时，危机减少了债券保险的供给，会增加市政债券的发行成本，从而进一步影响政府对学校、公共设施的投资（事实上，许多新发行的市政债券因为缺乏保险担保，利率提高了几倍，影响了融资的使用效率）。正因为债券保险的极端重要性，那些资本充足率下降并不断受到降级威胁的债券保险公司成为影响次贷危机蔓延的关键环节之一，引起了美国各界广泛的关注。

本章小结

第一，从承保赔付、投资收益和投保业务三个方面研究金融危机对全球原保险市场的直接影响，并按照保险公司规模、投资策略、业务重点等不同分类进行直接影响的深入分析。

第二，由于为次级住房抵押贷款提供担保或者持有投资银行股份，保险公司受到次贷危机直接影响，这一影响可以通过公司财务报表直接反映出来，也就是说直接影响可以直接衡量。保险业遭受的损失主要来自于承保和投资两个方面。在承保方面，次贷危机使得董事/高管责任和错误/遗漏保险、住房按揭保险、债券保险等业务的赔款支出显著增加，许多公司陷入困境；在投资方面，美国国际集团（AIG）由于采取了激进的投资策略，在次贷支持类债券、信用违约互换和其他衍生品方面进行了大量投资，蒙受了巨额亏损，陷入了破产的边缘，不得不向美联储求救。从中长期来看，次贷危机造成的保险业损失可能更大，影响程度和范围可能也更为深远。次贷危机对全球保险业造成巨大冲击，此次危机的影响不仅仅体现在短期的亏损方面，还可能对全球保险业未来数年的盈利能力、监管框架、偿付能力、会计准则等产生重大影响。

第三，多数严格控制次贷相关债券投资的保险公司受到直接冲击较小，少数大保险公司则蒙受巨额亏损；大多数遵循了非常谨慎和保守的投资策略保险公司受到此次次贷危机的直接冲击较小，少数采取了相对激进的投资策略的大的保险公司则蒙受了巨额亏损；参与次级住房抵押贷款的保险公司和部分投资连接产品蒙受损失，传统保险业务的收益维持稳定，且次级抵押贷款风险可控，资本充足情况维持较好，次贷危机对传统人寿保险公司和财产保险公司的正常经营没有产生重大影响。

第四章

金融危机对全球原保险市场的间接影响和问题分析

次贷危机引起部分金融机构破产、金融市场动荡、股市暴跌、进出口量急降、利率快速下调，发生银行惜贷、资金流动性下降、中小企业倒闭，进而导致保险公司收入下滑、盈利锐减甚至濒临破产。金融危机对保险业造成的间接影响难以衡量。本章遵循金融危机影响保险业的机理，从实体经济、国际贸易、财政政策、货币政策等方面，探讨和分析金融危机对全球原保险市场造成的间接影响。

第一节 金融危机对全球原保险市场的间接影响

这场百年一遇的次贷危机，已经被称为金融海啸，不仅直接重创许多国家的保险公司，还通过对实体经济、国际贸易、利率等方面的影响再次折射到保险业，对保险业产生难以估量的重大间接影响。次贷危机发生后，各国为应对突如其来的金融海啸纷纷采取行动，以防止其进一步蔓延为经济危机。虽然各国采取的措施不尽相同，但总体看来，主要包括降息、注资以增加金融机构的流动性、增加财政投资、减税、国有化、补贴住房贷款、加强金融监管等。

金融危机对全球保险业的影响

一、金融危机通过实体经济对保险业的影响

保险本身就是商品经济发展的产物,保险业的发展与实体经济的发展有着密切的关系。一般而言,经济发展是保险发展的基础,保险为经济发展提供保障,两者相互依存、相互促进。经济的持续增长,必将带来居民收入水平的持续提高,从而为保险消费提供雄厚的资金基础。改革开放 30 多年来,我国保险消费保持了年均 30% 以上的增长速度,最根本的原因在于,它是经济社会发展的需要,是城乡居民生活的需要。

国民收入尤其是人均可支配收入的增长可刺激保险需求的增长。这种刺激作用主要表现在以下三个方面:首先,个人消费的增加扩大人们对财产保险的需求。从消费理论分析,人们的收入增加,消费也会增加。耐用消费品由于其价值较大,人们会为其损失寻找补偿的途径,保险则成为其首选途径之一。当新增收入累积达到一定数量时,人们就具有了为已经累积的财富购买保险的资本,财产保险的需求量由此增加。其次,寿险产品的需求量同样与城乡居民的人均可支配收入存在正相关的关系。根据马斯洛的基本需求层次理论(Maslow's hierarchy of needs),当维持人类自身生存最基本的生理需求得到满足后,人们会开始寻求人身安全、健康保障、财产所有性等安全需求和休闲、娱乐享受等更高层次的需求,对由此带来的保障型保险的需求也随之增加。最后,城乡居民可支配收入的增加使人们开始寻求新的途径处置闲置资金,购买带有储蓄功能的保险产品成为新的投资途径。从扩大生产的角度进行分析:一方面,生产规模的扩大必然增加企业的经营风险,对生产规模扩大的财产进行投保成为企业的必然选择;另一方面,国民收入的增加为人们投资扩大再生产提供了资金来源,而为这部分追加投资支付的保费同样来源于新增收入部分。

保险发展从总体上讲,与人口多少、经济实力、文化习惯有着密切的联系,且一定条件下的相互联系又呈现出各自支配的地位。保险的发展不一定与人口、经济及文化发展成正比。通过理论定性分析和实际数字的定量分析,经济基础相对较强的地区,保险发展深度与密度的增速并不比经济基础相对弱的地区快。

第四章 金融危机对全球原保险市场的间接影响和问题分析

宏观经济基本面对保险的影响表现在以下几个方面：①恩格尔系数（人们购买食物所占经济收入的比重）决定人们的生活达到什么水平，影响保险业的发展空间。如果一地的恩格尔系数达到60%以上却仍不能维持生计，谈保险就是空话。恩格尔系数较小，人寿保险才能有充足的保源；恩格尔系数较小，财产保险发展的空间也就增大。②文化习惯对保险的发展具有一定作用。保险文化深入人心可以促进保险业的发展，进而促进经济发展。受传统观念的影响，保险文化在我国还没有完全被接受。普及保险知识，培育广大人民群众的保险意识，对促进保险业的发展大有益处。

将经济增长作为影响保险需求的主要因素已成为国内外保险经济学界许多学者的一般共识。一国收入水平是影响寿险投保水平最重要的因素这一结论也得到了Hakansson、Campbell、Truett Dale和Truett Lila、Browne和Kim等的证实；非寿险需求同经济增长之间存在正相关关系则是Outreville运用55个发展中国家的横截面数据构建非寿险需求模型进行研究发现的，即GDP每增长1%，会带来超过1%的非寿险需求增长。Skipper则对有关经济增长与寿险和非寿险需求关系的文献作了归纳，提出经济增长是解释保险需求最重要的因素。

金融危机严重影响了世界实体经济的发展，从而将对全球保险业产生重大的影响，经济增长放缓，居民收入降低，影响对保险产品的总需求。

二、国际贸易对保险业的影响

金融危机的爆发，严重影响了全球国际贸易的发展。鉴于这场危机形成原因的内生行和广泛性，多年来全球经济增长依赖美国负债消费拉动的方式将被改变，进而在一定程度上改变现行的国际贸易和国际金融秩序，最终减缓经济全球化的步伐。近年来国际盛行的全球经济"再平衡"呼声就是这种模式调整的反映。全球总需求下降，美国调整其经常账户的持续失衡局面，减少对其他国家尤其是东亚新兴市场经济体的进口需求；而东亚新兴市场经济体的出口导向型模式也须做出相应的调整，减少对美国市场的依存度，逐渐减少对美国市场的资金回流。

金融危机对全球保险业的影响

贸易保护主义在全球经济增长方式变化、全球总需求减少和经济增长率放慢的多重影响下，其受到的压力可能上升，以规则为基础的国际贸易秩序受到贸易保护主义抬头的冲击，国际贸易秩序和规则有可能发生转型。在金融危机下，为了救助陷入困境的金融部门和企业，并刺激经济的恢复和发展，各国政府采取了各种各样的救助政策。这些政策中，包含了各种形式的贸易保护措施。例如，各国政府在救助金融机构时，要求它们主要给国民提供信贷；各国政府采取的财政刺激政策中，往往包含对本国企业和国民的保护，并违反世界贸易组织的非歧视原则；为了救助陷入困境的金融机构，发达国家向金融部门注入了大量的流动性资金，从而对国际贸易环境产生冲击。受国际金融危机的冲击，过去20多年来经济全球化高速发展的进程在今后一定时期内有可能会出现调整。第一，国际贸易的增速可能放慢，未来国际贸易增速会受到三方面的制约：一是美国负债消费模式的调整，全球总需求增速放慢；二是世界经济增速放慢；三是贸易自由化步伐放缓。第二，发达国家和发展中国家利益诉求的不一致将加大国际贸易规则的制定难度。发展中国家关注的是市场开放问题，而发达国家则更倾向于加强环保标准和保护知识产权等。发展中国家与发达国家在国际贸易规则谈判中的势均力敌必将加剧规则形成过程中的冲突。第三，金融创新的步伐可能放缓，国际资本流动的不稳定性提高。金融自由化和对金融风险缺乏有效的监管被认为是这次金融危机及其向世界各国迅速传导的原因之一。危机之后，金融自由化和美国的监管模式已经不再是市场经济的主流理念，加强金融监管已经成为欧美等发达国家的主要改革方向。新的金融监管模式不仅会涉及对风险的识别和评级的监管，而且还会涉及对新的衍生金融工具和金融机构的监管。金融监管的加强，势必减缓金融创新的步伐，国际资本通过新的金融工具在国际间进行流动的机制也将受到削弱。第四，发展中国家经济融入经济全球化的进程不可阻挡，并将推动经济全球化的发展。发展中国家的出口导向政策和经济增长速度尽管会受到国际金融危机的负面影响，但其在推进工业化、城市化、市场化以及通过技术模仿和吸收实现技术进步等方面还有广阔的空间，而实现这些任务都必须以融入全球化为前提。因此，今后一个时期，发展中国家有可能成为经济全球化的主要推动者。

出口作为拉动中国经济增长"三驾马车"中的主力军，使得外贸成为目前中国经济增长的主动力,作为中国最大贸易顺差国的美国经济放缓以及全球信贷紧缩加剧了中国的整体外部环境的恶化。国际经济低迷将进一步收缩我国外部需求,进而造成我国经济运行的大幅波动。2005~2007年我国净出口对经济增长的贡献率平均超过20%,2007年净出口率高达8.9%,经济增长中有2.6个百分点靠外需拉动。而在2008年前三季度GDP增速下滑2.3个百分点中,有1.2个百分点是净出口贡献率下降引起的。

中国社会科学院的研究报告显示,中国出口增长率与美国GDP增长率之间存在着较强的正相关关系。美国GDP增长率每下降1个百分点,中国出口增长率平均将下降5.2个百分点。报告认为,2008年次贷危机对中国出口的影响程度将取决于美国经济减速的程度。如果2008年美国GDP增速下降到1.5%,则中国出口增长率将比2007年下降3.6个百分点;如果2008年美国GDP增速下降到0.5%,则中国出口增长率将比2007年下降8.8个百分点。金融危机的爆发严重影响了全球国际贸易的发展,国际贸易的减速会直接影响与进出口业务相关的保险产品的保费收入。此外,金融危机延缓了全球经济一体化及全球金融国际化的步伐,同时也延缓了全球保险国际化的进一步发展。

三、财政政策对保险业的影响

次贷危机发生后,在世界掀起了很大的金融风暴,各国为了应对突如其来的金融海啸纷纷采用积极的财政政策刺激本国经济快速走出低谷,以防止金融危机进一步蔓延为经济危机。虽然各国采取的措施不尽相同,但主要内容包括注资以增加金融机构的流动性、增加财政投资、减税、国有化、补贴住房贷款、加强金融监管等。

1. 积极的财政政策

(1) 增加财政投资、减税。

美国:2008年1月20日,美国总统布什(George W. Bush)对外宣布总规模约在1450亿美元的财政刺激措施"纲要"。这次措施旨在挽救已经游走在衰退边缘的美国经济。布什总统表示,财政刺激措施包括了减轻赋税在内的一系列措施,并强调,减轻企业投资方面的税收以及"迅速而直接"地减少

金融危机对全球保险业的影响

个人所得税,这些是刺激美国经济的关键。首先2008年2月,布什政府签署实施1680亿美元减税方案;接着10月4日,布什总统签署了总额达7000亿美元的金融救援方案,美国财政部长保尔森当天表示,将尽快开始实施这项方案。

日本:2008年8月29日,日本政府发布声明,宣布了酝酿多时的经济刺激计划。该计划最高规模达到11.7万亿日元(约合1070亿美元),其中政府的直接财政开支约为2万亿日元。在日本这个全球第二大经济体面临衰退之际,政府希望通过经济刺激方案帮助企业及民众更好应对能源和粮食价格上涨的挑战。为应对全球金融危机对日本经济带来的不利影响,2008年10月30日,日本首相麻生太郎公布了总额高达26.9万亿日元(约合2730亿美元)的一揽子经济刺激方案。根据麻生宣布的这一方案,日本政府将在2009年3月底之前向全国所有家庭发放总额达2万亿日元(约合204亿美元)的现金补助,并将降低失业保险费用缴纳标准和削减税收等。此外,加上政府计划为小型企业提供贷款担保等无须立即支出的项目,预计这一经济刺激方案最终开支总额将达26.9万亿日元。

英国:2008年5月13日,英国财政大臣达林宣布了一项财政刺激方案,将所得税起征点上调600英镑至6035英镑。该项措施将耗资27亿英镑,旨在缓解日益上涨的石油和食品价格带来的影响。经济学家称,此举相当于向每个纳税人返还120英镑,所以相比其他政府包括美国和西班牙宣布的刺激措施作用有限。

俄罗斯:2008年11月20日,俄罗斯总理弗拉基米尔·普京(Vladimir Putin)承诺将采取减税、保护卢布汇率及"所有"必要措施,遏制金融危机对俄罗斯经济的损害。普京公布的措施旨在对抗全球经济紧缩所带来的后果,内容包括下调企业税、提高员工福利和加大政府开支等。普京表示:"我们将采取所有必要措施阻止过去曾在我们国家中发生的问题重演。我们已经积累了相当规模的财政储备,这将使我们在调度方面有更多的自由度,从而维持宏观经济的稳定性。"普京宣布,政府将于2009年1月将企业利得税率下调4个百分点、对小型企业实施减税措施并加速返还增值税;在"结构性"就业市场令经济繁荣期发生改变的形势下,2009年俄罗斯的失业救济金上升至每月

第四章 金融危机对全球原保险市场的间接影响和问题分析

4900 卢布（约合 177.79 美元）。

中国：2008 年 11 月 5 日，国务院总理温家宝表示，中国将实施总额达 4 万亿元的经济刺激方案。在世界经济金融危机日趋严峻的大环境下，中国采取了灵活审慎的宏观经济政策，财政政策和货币政策纷纷转向，将积极的财政政策和适度宽松的货币政策相结合，加大对基础设施建设的投资，以有效扩大内需，弥补金融危机导致的外需不足，防止经济增长迅速放缓。根据这一经济刺激方案，中国将投资 4 万亿元人民币，用于民生保障投资、扩大内需，具体措施包括：加快建设保障型住房、加快农村基础设施建设、加快生态环境和灾后建设、加大对教育医疗投入以及提高居民尤其是低收入人群的收入水平等。该项经济刺激方案是外需不振的环境下，中国政府通过扩大内需为经济找到新的带动点和增长点，以保持整个经济的良好增长势头。

（2）注资以增加金融机构流动性。为了增加货币市场流动性、鼓励银行向企业和个人发放贷款、缓解金融机构信贷紧缩局面、维持投资者信心、保持金融市场稳定，许多国家央行向商业银行注入资金。

美国：2008 年 11 月 6 日，美联储（Fed）宣布了包括提高贷款拍卖额度和对银行准备金支付利息等多种手段扩大货币市场流动性。美联储表示，可以从 2008 年 10 月 1 日开始为准备金支付利息。美联储的新措施还鼓励银行存入超额准备金，美联储将向超额准备金支付约 1.25% 的利息，对于规定的准备金则执行不同的利率，这将有助于美联储获得对利率的更多控制，并有更多的杠杆来对抗信贷危机。此外，为缓解 2008 年底的融资紧缩状况，美联储还宣布将 28 天和 84 天期短期贷款拍卖工具的规模均提高至 1500 亿美元，并将 11 月的两次拍卖规模也上调至 1500 亿美元。当局表示，这些措施将为银行体系新增 9000 亿美元的流动性。

2008 年 11 月 17 日美国财政部表示，作为实施 7000 亿美元金融救助计划的第二部分，美国政府已再次斥资 335.6 亿美元购买了 21 家美国银行的股份。在这次购买银行股份的计划中，最大一笔是购买总部位于明尼阿波利斯的美国银行公司的股份，耗资 66 亿美元；最小一笔是购买总部位于洛杉矶的百老汇金融集团的股份，耗资 900 万美元。此前，美国财政部已斥资 1250 亿美元购买了花旗银行、富国银行（Wells Fargo & Co.）等 9 家美国大银行的股份。至

金融危机对全球保险业的影响

此，美国政府7000亿美元金融救助计划已共支出了1585.6亿美元。根据美国政府拟定的计划，总共将斥资2500亿美元直接购买金融机构无表决权的优先股，以此充实金融机构的资本金，并鼓励它们向企业和个人发放贷款，缓解信贷紧缩局面。

日本：为了配合欧美各国协同推出的大规模救市措施，日本政府于2008年9月14日也公布了旨在稳定金融体系的一揽子计划。按照该计划，政府将在必要时对地方金融机构注资。9月18日，日本央行再次实施"紧急公开市场操作"，决定于当天上午向短期金融市场注入1.5万亿日元，下午向短期金融市场注入1万亿日元的资金。这是日本央行连续3个交易日、共5次向短期金融市场紧急注资近8万亿日元。10月2日，日本银行继续通过公开市场操作分两次共向短期金融市场注资1.6万亿日元。至此，日本央行已经在9月16日开始的12个工作日里注资24.3万亿日元。

欧洲：继2007年8月9日紧急注资948亿欧元后，欧洲中央银行（European Central Bank）10日再次向欧元区银行系统注资610亿欧元。2007年12月18日欧洲央行再次向银行系统注资3486亿欧元，以缓解临近年底银行系统出现的流动性危机。欧洲央行当天以不低于4.21%的利率向银行系统贷出3486亿欧元（约合5000亿美元）的两周期贷款，这项贷款可惠及390家银行。2008年9月16日，为了抵御雷曼兄弟公司破产而引发的金融震荡，欧洲中央银行再次出手，向欧元区金融市场注资700亿欧元，以缓解资金流动性不足。

英国：英国央行（Bank of England）于2008年3月17日通过20日到期的3天期回购操作，向市场提供了50亿英镑额外准备金，同时，央行将在20日进行每周例行的回购操作。央行招标获得的认购总额高达236亿英镑，向货币市场注入新的流动性。2008年9月23日，为了援助处于困境的全球金融系统，并保持银行间流动性，欧洲央行（European Central Bank）和英国央行（Bank of England）再度为市场注入总计800亿美元的流动性货币。银行业的金融援助计划共有7招，包括对银行财务支撑，提供足够的短期流动性；备妥至少2000亿英镑予英国银行业，以强化其资源，允其重整财务，同时维系其对实质经济的支撑；通知欧盟执委会这些提案；确保银行体系有足够资金维持中期放款；建立机制，使合格机构可以用适当形式取得第一类资本；下周提前执行支撑银行体系流动性的永久机制计划，包括贴现窗口机制；在市场稳定前，英国央行将持续进行英镑放款竞标3个月以及美元放款1周，扩大接受担保品的范围。①

澳大利亚：为平抑金融市场新出现的紧张情绪，2007年11月16日澳大利亚央行（Reserve Bank of Australia）向金融系统净注资10亿澳元。这是继8、9月美国住房抵押贷款市场危机触发全球信贷危机、引起全球金融市场振荡以来，澳大利亚央行再度大规模向金融系统注资。11月20日，澳大利亚央行注资13.6亿澳元。2008年10月28日，澳大利亚央行向该国银行体系注入26.7亿澳元（约合16亿美元）的资金以提高全球金融危机中银行流动性。此举令银行业者从澳洲央行获得的资金储备保持在约80亿澳元的历史高位。11月3日由于国内银行融资成本下降，澳大利亚央行向货币市场注资14.8亿澳元（约合9.9亿美元）。

(3) 国有化。

美国：在美国财政部收购"两房"和美国国际集团（AIG）、斥资1250亿美元购买了花旗银行和富国银行（Wells Fargo & Co.）等9家美国大银行的股份后，2008年11月17日，作为实施7000亿美元金融救助计划的第二部分，美国政府再次斥资335.6亿美元购买了21家美国银行的股份。根据美国政府拟定的计划，总共将斥资2500亿美元，直接购买金融机构无表决权的优先股，以此充实金融机构的资本金，并鼓励它们向企业和个人发放贷款，缓解信贷紧缩局面。

英国：2008年10月8日，英国财相达林宣布了一项银行救助方案，英国最大的8家银行机构（阿比、巴克莱、哈利法克斯苏格兰、汇丰、劳埃德TSB、全国贷款互助会、皇家苏格兰、渣打）将最先获得政府提供的额外资本，作为回报，政府将在银行持有优先股。作为英国政府救市计划的一部分，英国央行英格兰银行还将向银行额外提供2000亿英镑的短期贷款，以帮助它们恢复资金流动。这8家银行机构同意接受上述方案。英国财政部表示，其他

---

① www.cidaiweiji.com/news. 2008-11-12.

银行也可申请加入该方案。英国政府为银行救助计划设定了一些附加条件，例如，政府在银行持有的优先股没有投票权，但在其他股东获利之前将获得固定利息，而不是分红；使用纳税人的钱意味着银行不能再像以往那样经营，银行给经理人的薪酬和股东的分红将受到限制。

（4）补贴住房贷款。2008年11月12日，美国联邦政府和抵押贷款业组织宣布了一项计划，旨在简化对房利美和房地美所持违约抵押贷款协议进行重新谈判和修改的程序。美国联邦住房金融局（Federal Housing Finance Agency）与财政部、富国银行（Wells Fargo & Co.）、美国住房及城市发展部（Department of Housing and Urban Development）及由房贷业者合组的集团 Hope Now 的官员和高管一起宣布了这项计划。要取得该计划的资格，借款人必须至少3个月无力支付其住房贷款，且其负债必须等于或超过房产目前的价值。根据这项计划，抵押贷款服务公司将会下调抵押贷款利息，将借款人每月偿还的金额控制在占后者收入的38%以下；借款人还可以选择将贷款期限从30年延长到40年，且延长期限内的一部分本金可以免付利息。财政部负责国际事务的助理部长尼尔·卡什卡利（Neel Kashkari）称，该计划"将成为抵押贷款业的行业标准，能在很短时间内将住房所有人转移到可长期维持下去的抵押贷款市场中去"。

2. 财政政策对保险业的影响

大规模经济刺激计划可以在较短时间内提升经济、促进就业、增加居民收入，使经济从萧条走向繁荣，极大地促进实体经济的发展，恢复金融市场正常秩序，重振投资者的信心，进而促进全球保险业的恢复，降低金融危机对全球保险业的影响，改善保险公司资产状况。

（1）注资以增加金融机构货币流动性的影响。接受注资的金融机构增加了资本金、增强了流动性、提振了投资者信心及维系了保险和再保险的资金链条保持不断裂。银行接受注资可以增加对企业的放款、扩大生产、促进经济，间接促进保险业发展；保险公司接受注资，可以提高偿付能力、增强保障能力、提升投保人的信心、增加保险消费。

（2）增加财政投资和减税的影响。财政支出和税收政策是政府调节总需求的重要方式。经济低迷时，政府可以增加财政支出、减少税收以刺激总需求、增加国民收入；经济活跃时期，政府则可通过减少财政支出、增加税收来抑制总需求、减少国民收入。经济对财政政策的反应滞后时间要短一些，使得财政政策效果往往更直接，能在短时间内达到预期效果。大规模经济刺激计划可以在较短时间内提升经济，促进就业，增加居民收入，使经济从萧条走向繁荣。由于经济与保险具有强相关性，因而能带动保险业的发展。同时，一些大的建设工程的质量责任保险费数目可观，可以直接拉动财产和责任保险的保费收入。

（3）国有化的影响。美国国际集团（AIG）等保险公司被政府接管、收为国有后，保持了原有保险和再保险关系的正常存续，鼓励消费者继续投保和续保，维护了正常的保险资金运转机制，使保险公司在大的金融危机面前能够持续经营，防止因危机而破产，维护了保险业的稳定发展。其他金融机构被国有化后，维护了正常的金融秩序，消除了因破产带来的资金链断裂的危险，为保险业持续发展和尽快复苏创造了良好的金融环境。

（4）补贴住房贷款的影响。美国联邦政府和抵押贷款业组织实施的援助住房贷款者的计划，简化了对房利美和房地美所持违约抵押贷款协议进行重新谈判和修改的程序，让抵押贷款服务公司下调抵押贷款利息，在很短时间内将住房所有人转移到可长期维持下去的抵押贷款市场中去，以免"断供"和恐慌性抛售已购房屋，防止再次引发房地产市场剧烈降价，产生新的市场动荡。

四、货币政策对保险业的影响

金融危机之后，世界各国为了增加货币流动性、鼓励消费、刺激投资、缓解住房贷款者的还款压力、扩大出口、促进股市繁荣、拉动经济，相继使用降息这一货币政策。

美联储（Fed）自2007年9月18日将基准利率由5.25%降为4.75%以来，连续数次降息，至2008年10月29日，美联储再次降息50个基点至1%，半年内降5次甚至1个月内降2次，降息的节奏和幅度是前所未有的。自2001年3月至2004年10月，日本央行实施零利率的极为宽松的货币政策；2004年10月，日元活期存款年利率提升为0.72%；2006年7月14日日元隔夜拆借利率是 0.25%；2007 年 2 月 21 日至 2008 年 10 月 31 日基准利率维持在 0.5% 不变。美国次贷危机引发全球经济降温，日本不得不一再推迟第二次加息的时机。2008 年 10 月 31 日，日本银行也将无担保隔夜拆借利率下调 20 个基点至 0.3%，为 2007 年 2 月以来首次降息。在较大的通货膨胀的压力下，2008 年 10 月 8 日以前，欧洲央行坚持欧元利率维持在 4.25% 不变；10 月 8 日以后，欧洲各大央行同时行动，对金融市场的动荡作出明确的回应，接连宣布降息。10 月 8 日欧洲央行将基准利率下调 50 个基点，将再融资利率由 4.25% 下调至 3.75%、将边际存贷款工具的利率下调 50 个基点。2008 年 11 月 6 日，英国央行将利率从原来的 4.5% 下调 1/3 至 3%，这是 1981 年经济衰退以来最大幅度降息，英国央行将利率调降至 1954 年以来最低水准。2008 年 11 月 7 日，欧洲央行再次宣布降息 0.5 个百分点，将主导利率从 3.75% 降至 3.25%。由于工薪家庭负担加重和国际金融市场动荡，当地时间 2008 年 10 月 7 日下午，澳大利亚中央银行——澳大利亚联邦储备银行（RBA）决定将银行基准利率由 7% 下调至 6%；11 月 4 日，澳大利亚联邦储备银行宣布再次降息 75 个基点至 5.25%。这是澳大利亚央行 3 个月来第三次降低基准利率，降息幅度大于市场预期。2007 年底以前，中国为了控制经济过热和防止通货膨胀，连续加息；而进入 2008 年后，面对日益严峻的国际金融局势，又连续 2 次降息，从 4.14% 降至 3.6%。

由于保险业的性质、职能和经营方式的特殊性，利率成为保险公司经营中不可回避的风险因素之一。保险企业所面临的利率风险，是指由于利率的变动造成实际的经营结果和预期目标之间产生偏差，从而使保险企业遭受损失的风险。保险公司的媒介职能是利率风险的来源。保险公司并不能创造价值，它的媒介报酬取决于预定利率，即投资组合的收益与投保人回报之间的差额。因此，市场利率的变化直接影响保险公司的收益状况。

1. 利率波动对寿险的影响①

寿险公司的经营不可避免地存在风险，主要包括营销风险、投资风险、财务风险三大类。利率风险属于营销风险的一种。寿险公司经营中的利率风险主

---

① 详见参考文献 [20] ~ [27]。

第四章　金融危机对全球原保险市场的间接影响和问题分析

要包括:一方面银行利率的变化会对寿险产品的预定利率产生影响,进而引起寿险公司资产价值发生损失;另一方面利率的上升或下降,不可避免地造成寿险公司现金流入和流出的不确定性,影响寿险公司的经营稳定。对于寿险公司而言,市场利率风险作为一种动态的投资风险,在影响寿险公司经营的多种利率风险中占据着最重要的地位,严重威胁着寿险公司经营的财务稳定性,这主要表现在:一方面从寿险公司的负债角度看,利率波动可能增加寿险责任的流动性风险,进而导致寿险公司保险基金稳定性的损失;另一方面利率的波动也可能增加寿险公司负债的流动性,进而导致收入结构的不稳定。

(1)利率波动影响个人寿险需求。利率波动主要通过两个方面影响个人寿险需求:一是消费者的投保决定;二是对已有保单的维护。

首先,利率波动通过影响消费者的投保决定影响个人寿险的需求量,这一影响主要体现在以下方面:①寿险产品因其在保障方面具有长期性和储蓄性的特点,与银行存款和其他金融产品具有相似性,两者产生替代效应,因而购买寿险产品存在机会成本,利率波动将通过这个机会成本对消费者的投保决定产生影响。②寿险产品的预定利率随银行利率的调整而调整,但其调整并不是同步的,存在滞后性,在银行利率和预定利率调整的时间差期间,消费者的投保决定尤其受到利率波动的影响。银行利率持续上升而预定利率尚未进行调整时,银行存款和投资其他金融产品的预期收益将明显好于购买寿险产品,因而使得购买寿险产品的机会成本增加,个人寿险的需求量减少;如果寿险产品的预定利率随银行利率的调整而及时调整,上述影响将会产生反向的影响,进而逐步减弱。

其次,利率波动通过影响对已有保单的维护进而影响个人寿险的需求量,这种影响主要体现在寿险保单的"不丧失现金价值条款"①和"保单质押贷款条款"② 两方面。对于寿险保单的"不丧失现金价值条款",利率下调时,持

---

① 所谓不丧失现金价值,就是当保单正式生效并经过一段时间后,投保人因为种种原因,不愿意或者不能持续交费,保单此时已经产生的现金价值,不会因此而消失,仍旧属于投保人,而且这种现金价值不因保单效力的变化而丧失,保险人有权利选择最有利的方式对这部分现金价值进行处置。

② 保单质押贷款条款是指保单所有人在保费缴纳一定时间后,可向保险公司申请贷款,但贷款不得超过其现金价值的一定比例。

有寿险保单的机会成本下降,保单持有人会选择继续持有原有保单直至期满,对寿险产品的需求的影响不大;而当利率持续上升时,该机会成本上升,保单持有人会选取多种方式(如退保或者将原有保单改为缴清保单或展期保单)套取现金转而投资其他利率较高的金融产品,个人寿险产品的需求量因此减少。对于"保单抵押贷款条款",若借款人到期不履行债务,当贷款本息积累到退保现金价值时,保险公司有权终止保险合同效力,保单失效。在利率上升时期,同样因为机会成本的存在,借款人将选择把资金投资到利率较高的其他金融产品而不是履行债务,失效的保单数量必然增加,原有寿险产品的需求量必然下降。

(2)利率变动会引起寿险品种价格的波动。寿险品种的价格主要体现在保险费率上。保险费率由纯费率和附加费率两部分组成,其中纯费率是核心部分。与非寿险不同,寿险品种的纯费率以预测的生存率(或死亡率)和预定利率为基础计算得到,即现收取的纯保费等于保险人未来给付的保险金以一定的贴现率折算的现值,这个贴现率即为寿险费率计算中的预定利率。由于寿险中的一些品种都具有储蓄的功能,因此,预定利率常常以当时的银行利率为参考标准制定。银行利率下调时,若寿险产品的预定利率保持不变,则储蓄型寿险产品的收益将大于银行储蓄的收益;但现实往往并不如此,当银行利率下调时,寿险产品的预定利率往往随之下调,进而导致纯费率的上升,最终使寿险产品的销售价格上升,降低人们对寿险产品的需求,阻碍寿险业的快速发展。银行利率上升,预定利率随之上升,寿险品种价格相对下降。如果银行的利率上升较小,就能够吸引消费者购买寿险;但如果预定利率不能及时随之上升,寿险产品价格将表现出相对的上升,当银行储蓄利息收益大于购买寿险的收益时,人们将增加银行储蓄而放弃购买寿险产品,减少寿险的需求量,不利于保险业的发展。

(3)利率变动对不同的寿险品种影响。根据投保时间的长短,可以把众多的寿险品种分成两大类——短期寿险和长期寿险。短期寿险品种,由于时间短,利率变动的影响有限,保费收入对利率的变动不敏感,保费收入占整个寿险收入的比重相对稳定。时间长、兼具储蓄功能的特点决定了长期险种受利率变动的影响较大:当银行利率不断下调时,长期寿险的预定利率被迫跟着下

第四章 金融危机对全球原保险市场的间接影响和问题分析

调,其储蓄功能不断弱化,所带来的收益也不断减少,从而减少人们对长期寿险的购买需求,不利于寿险业务的发展。

2. 利率波动对非寿险的影响

一般来讲,利率波动对非寿险业的影响是间接的。

非寿险的保险费率由纯费率和附加费率组成。纯费率取决于平均保险损失率和损失稳定系数,主要与被保险事物在一定时间内发生的事故大小、数量和频率有关;附加费率主要取决于保险公司的经营成本,即保险公司经营过程中各项开支的大小。银行利率对纯费率和附加费率的影响都微乎其微。因此,非寿险产品的费率不会受利率波动的直接影响,即非寿险产品的需求和销售价格都不会受到利率波动的直接影响。

然而银行利率变动给非寿险市场带来的间接影响不容忽视。银行利率的连续下调会极大地降低人们的储蓄愿望。而收入的不断增加和生活水平的不断提高,使人们将更多的货币投入到消费领域或其他投资领域,耐用消费品、高档消费品和高科技产品的消费随之增加,这就给非寿险险种带来了新的市场需求。保险公司可以根据新的市场需求,适时地推出一些适合老百姓需求且价格适当的保险新品种,吸引一部分消费资金投入非寿险保险市场,从而促进保险费收入的增长,促进保险业的进一步发展。

国外部分学者曾讨论过利率风险对财险市场的影响。博尔奇(1999)认为,财险公司可以通过再保险安排削弱甚至消除利率风险的影响。国内学者对财险公司如何防范利率风险的研究则很少。刘亮和糜仲春(2006)通过一个数学算例直观地说明了利率变动对财险公司的影响。他们认为,财险公司不能通过再保险安排来防范利率风险,而应通过提高保费水平的方法来防范利率风险。具体来讲,当利率上升时,财险公司应该提高保费水平,以吸引足够的初始资本;当利率下降时,财险公司也应该相应地降低保险费率,以减轻自由资本进入财险市场的压力。

金融危机对全球保险业的影响

第二节 金融危机对全球原保险市场间接影响相关问题分析

一、投资者预期

人们日益担心全球资本市场动荡对经济增长的潜在影响,引发了对全球利率前景的重大重估。"资本市场目前的动荡已进入一个新的重要阶段,对美国和全球经济的风险正在显现",瑞银集团(UBS)经济学家拉里·夏德威(Larry Hatheway)表示:"如果货币政策及时做出回应,则可以避免一次全球性硬着陆。"夏德威称,这种回应包括美国降息50个基点,英国、欧元区和日本降息25个基点,以平衡全球股市的调整及商业领域资本成本的上升(商业领域资本成本有可能减缓投资支出)。然而,多数分析人士认为,在调整利率前,决策者将会观望最近增加市场流动性举措的效果。

在美联储(Fed)青睐的通胀衡量指标公布后,美国是否及早降息的前景可能会更为明朗一些。市场普遍预测,核心个人消费支出同比增速将略有加快,2007年8月数据从6月的1.9%升至2%。德国公布的2007年8月IFO商业环境调查显示,预计8月的数据将从7月的106.4降至105.2。预计欧元区8月商业信心指数将从7月的111.0降至110.2,继续高于长期平均值100,与GDP约3%的增幅一致。对美国金融机构而言,面临着是否有足够放贷能力和敢不敢放贷的双重约束。然而,降息之路远未结束。虽然美联储几十年来未突破1%的利率水平,但在这场"百年不遇"的金融危机中,难料是否已走到降息尽头。2008年11月5日美联银行首席经济学家John Silvia就指出,如果美国经济继续走弱,不排除美联储会在12月下调利率25个基点或50个基点。日本国泰资本首席外汇分析师姜立钧2008年11月4日接受《第一财经日报》采访时则表示,预计"金砖四国"(巴西、俄罗斯、印度和中国)都会继续降息，新兴经济体国家也开始面临产能过剩、失业率上升的问题，且仍有较大货币政策操作空间。美联储、澳大利亚联储和欧洲两大央行都有根据需要而减息的可能。

商品价格的回落和通胀水平的下行正促使亚太地区各央行拥有更多宽松货币政策的空间。2008年11月4日前后国际货币基金组织（IMF）亚太主管David Burton表示，一些亚太经济体已开始采取降息举措。鉴于通胀水平正在回落，亚洲各央行将有更大操作空间。印度尼西亚央行也于2008年11月6日召开议息会议，市场预期该行可能在此前连续6次加息后维持9.5%的利率不变。泰国10月3.9%的通胀率为10个月来最低，使得泰国央行行长坦言"目前已有空间放松货币政策"，其下一次议息会议在12月3日。日本国泰资本首席外汇分析师姜立钧表示："全球降息周期意味着全球经济下滑，调降幅度越大说明经济下滑速度越快。事实上，降息只能缓和货币流动性不足的情况，在全球金融和经济信心严重不足的情况下，降息对促进实体经济走强的作用很小。"他认为，除了降息以外，恢复市场对未来的信心也尤为关键。此外，彭博社一项对经济学家的调查结果显示，到2009年4月前，欧洲央行和英国央行的利率水平将双双到达2.5%。倘若果真如此，欧洲央行的放宽货币政策的脚步将为有史以来最快。

二、利率市场化带来的挑战

利率市场化是指通过市场和价格规律机制、在某一时点上由供求关系决定的利率运行机制，是价值规律作用的结果，其内容包括利率决定的市场化、利率传导的市场化、利率结构的市场化和利率管理的市场化。具体来讲，它是指将利率的决策权交给金融机构，金融机构根据自身的资金状况和对金融市场动向的判断自主调节利率水平，最终形成以中央银行基准利率为基础、同业拆借利率为金融市场基准利率、各种利率保持合理利差和分层有效传导的利率体系。利率市场化给保险业的发展带来很大挑战。

1. 利率市场化将增加保险费率的厘定难度

利率是中长期保险费率厘定的重要依据。实行利率市场化后，保险费率将随银行利率的波动而变化,这无疑加大了保险费率厘定的难度。定价过高会减少保源,而为争取更多客户的过低的产品定价会使保险公司的利益严重受损,无法保证公司的偿付能力,同样会影响公司的经营;此外,实施利率市场化并不代表保险费率随银行利率的波动而随时变化,要保持费率的相对稳定性,否则,业务部门将无法操作,对投保人造成困扰。

2. 利率市场化将使保费收入的不确定性增大

利率市场化后,利率的升降会对个人的消费需求产生替代效应①和收入效应。② 当收入效应大于替代效应时,人们的实际可支配收入增加,从保费与居民收入的线性角度分析,这将有利于消费者投资购买保险,从而使保费收入增加;反之亦然。受收入效应和替代效应大小的不确定性的影响,保费收入的不确定性增大。此外,在利率市场化条件下,国民经济受利率的影响作用越来越明显,进而影响人们的财富收入以及人们对保险投资的选择,保费收入的不确定性随之加大。

3. 退保风险不可忽视

利差损一般不会产生在较长的低利率时代,然而利率市场化可能带来大幅度的利率上调、保险价格下跌,引发大规模的退保现象,进而增加保险公司的经营风险、业务流失、成本增加、偿付能力下降等,严重阻碍保险业的健康发展。

4. 资金运用收益的不确定性增大

利率市场化使保险公司的利息收益面临着前所未有的压力,导致资金运用收益的不确定性增大,尤其利率较低时,利差损难以消化,进而影响保险资金运用的收益。目前,全国保险公司的大部分保险资金是以银行存款及债券的形式存在的,③ 利率的变动对保险公司的存款和债券利息收益有着直接的影响。

---

① 替代效应是指在利率水平上升时,人们更愿意通过增加储蓄来减少当期消费,从而增加未来的消费,这反映人们较强的储蓄意识。

② 收入效应是指当利率水平提高时,人们更愿意为改善当前的生活水平而增加即期消费,这就意味着人们的购买力增强。

③ 2010年12月的保险资金投资比例分别是:银行存款占比28.11%,债券投资占比50.96%,基金投资占比7.37%,股票(含增持权)占比11.22%,其他2.34%(http://news.vobao.com/insureInfo/2010/1/27/647861021376.html)。

现阶段，受保险资金运用渠道相对较窄的影响，我国的保险公司将无力回避利率风险：银行利率较高时，保险的投资收益不会受到较大的威胁；但利率下跌，尤其是连续下跌，则会凸显出严重的利差倒挂（利差损）的问题。在利率市场化条件且缺乏宽松环境的情况下，受利率持续走低的影响，保险公司总的投资利润趋于社会平均化，原有的高预定利率产品的利差损的消化将更加困难。

三、连续降息对中国保险业的实际影响

次贷危机发生后，和国际其他主要经济体一样，我国也连续下调利率（见图4-1），仅2008年10月就降息两次，这对我国保险业特别是寿险公司产生了不小的影响。

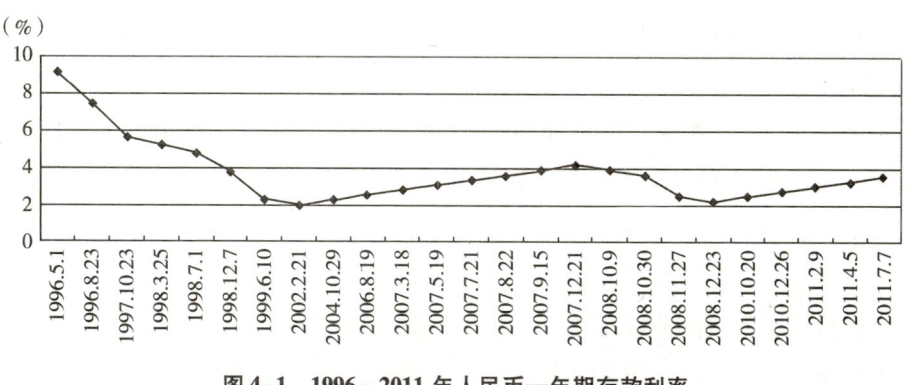

图4-1　1996~2011年人民币一年期存款利率

1. 降息对保险公司投资收益短期影响是正面的，长期影响则偏负面

存款利率的下降对保险公司的影响主要表现在以下两个方面：一方面，从利润表来看，利率下降带来固定利率债券公允价值上升，但由于浮息定期存款利息下降，浮息债券利息收入下降且计入交易类金融资产的固息债金额相对较小，对保险公司利润表影响总体偏负。降息对于保险行业特别是寿险行业而言是弊大于利，主要影响是降低了利差水平。另一方面，正面影响则是可以改善产品结构，提高利润率水平。

2. 寿险公司利差损进一步增大

我国寿险产品的预定利率主要参照当期银行存款利率和预期投资收益率来设定，20世纪八九十年代初期的高利率时期，发展了较大规模的预定利率在7%~9%的高预定利率业务。1996年5月1日至2002年2月21日，央行接连下调银行存款利率达8次，一年期人民币存款利率由1993年7月11日的10.98%下降至2002年2月21日的1.98%。受此影响，1997年开始，我国寿险产品的预定利率开始下调，从8.8%一路降至6.5%、5%、2.5%。预定利率的适时调整虽然短期内部分解决了新增寿险业务的成本问题，但却对高预定利率时期签订的长期寿险合同带来的巨大利差损问题无能为力。2005年，高盛的一份报告指出，中国人寿、平安、太平洋人寿三大寿险公司的潜在利差损为320亿~760亿元人民币。

3. 投资收益减少

由于保险公司持有债券期较长，进入降息周期，无疑会对保险公司产生不利影响，上市保险公司的投资收益率更是面临严峻的挑战。如果保险公司投资收益率持续低迷，同时面临降息周期带来投资收益率低迷影响、销售环境恶化和减值损失计提上升等不确定性，保险公司的业绩将进一步下滑。

4. 对分红险和万能险影响更大

对分红险而言，其投资主要集中在银行大额存单、国债、协议定期存款和大型基础设施建设债券上，降息后这些产品的收益会随之下调。保险公司的投资收益降低，保户的分红自然随之减少，这对于长期保单持有者来说，会受到一些影响。

万能险除保障外，还具有一定的收益，且收益下设保底（保底年利率2.5%），上不封顶，每月结算，投保人可以随时领取。万能险实行复利计算，"利滚利"的"威力"对投保人具有很大的吸引力。由于万能险会对结算利率做出相应的调整，因此，银行利率的下调不会直接影响到保险公司对万能险的短期投资收益；但由于万能险的保费收入主要投资于债券、基金以及大额存款，银行利率的调整对万能险的长远发展会产生影响。保险公司曾经以高回报率宣传万能险，降息使其高回报无法体现，进而造成销售量下降。此外，降息使得万能险优势不再，后续保费收缴很困难。

第四章 金融危机对全球原保险市场的间接影响和问题分析

5. 对银行渠道短期（3~5年期）理财产品的影响较大

利差几乎是短期理财产品利润的全部，利差的缩小将影响短期理财产品的生存空间，而对于银行渠道的影响最大。降息将"迫使"寿险行业调整业务结构，回归保障。从供给角度看，利润率降低将影响理财产品供应的积极性；从需求角度看，由于利差减小，保险理财产品中能够让渡给客户的收益也在收窄，收益率降低将影响短期理财产品的需求。

总的来说，降息将降低保险公司利差，对于保险行业尤其是寿险行业而言是一个利空。对于现有业务，存在再投资风险。由于各家公司的资产久期普遍短于负债久期，因此，存在再投资时利差出现降低的风险。对于新业务，利差缩小。随着利率的不断下调，寿险产品将重归保障功能。

本章小结

第一，遵循金融危机影响保险业的机理，从实体经济、国际贸易、财政政策、货币政策等方面，深入探讨金融危机对原保险造成的间接影响。

第二，金融危机发生后，各国采取的降息、注资以增加金融机构的货币流动性、增加财政投资、减税、国有化、补贴住房贷款、加强金融监管等措施，直接影响实体经济、国际贸易、财政政策、货币政策，进而对保险业产生间接影响。

第三，金融危机对全球原保险市场的间接影响不尽相同，作用有正有负。总体看，短期内对保险市场负面影响较大，长期看将对保险市场结构调整产生影响。

第五章

金融危机对全球再保险市场的影响

美国次贷危机引发全球经济的动荡，也让人们开始清醒认识再保险市场的地位及规避风险的方式与方法。本章在分析金融危机后全球再保险市场总体运行情况变化的基础上，从再保险市场需求、市场供给、影响机理以及全球再保险企业行为和绩效等角度研究金融危机对全球再保险市场的影响，并以瑞士再保险公司为例进行案例分析，得出的主要结论是：次贷危机对再保险既有直接影响，也有间接影响，衡量间接影响的难度更大。非人寿再保险业受金融危机的影响较大，人寿再保险市场受金融危机的影响反而需求有所上升。

第一节　金融危机对全球再保险市场运行和市场结构的影响

国际保险监督官协会（IAIS）提供的《全球再保险市场报告》[①] 显示，相对于其他金融部门，金融危机对再保险业的影响是有限的，没有形成系统性风险，而且再保险业较快地从国际金融危机所造成的破坏性影响中恢复了过来。这主要归功于两个方面：从供给方面来讲，再保险人相对保守的投资

---

① 国际保险监督官协会（IAIS）的再保险透明度小组（RTG）自 2004 年开始，每年都对国际上主要的再保险人进行调研，获取相关数据，并最终形成每年一期的《全球再保险市场报告》。

第五章 金融危机对全球再保险市场的影响

策略以及经营再保险业务时对风险管理战略、政策和实践的持续关注是其恢复生机和活力的主要原因;从需求方面来讲,受金融危机冲击的直接保险业(特别是寿险业)为提高偿付能力和释放资本金需要转而选择分保使得分保需求增加。下面我们分别从再保险市场运行、市场需求、市场供给三方面加以分析。

一、全球再保险市场运行的变化

1. 金融危机后全球再保险市场总体运行情况的变化

随着始于2007年下半年的美国次贷危机演变为全球金融市场动荡,全球再保险市场运行也受到较大影响。特别是金融危机深化的2008年,全球再保险市场规模出现了较大幅度的萎缩,全球再保险市场毛分保费收入收缩了近1/5,只有1590亿美元(金融危机初期2007年毛分保费收入1900亿美元)。如果以净分保费收入来衡量,2008年全球再保险市场收缩幅度更大(2007年全球净分保费收入1380亿美元,2008年这一收入为990亿美元)(见图5-1)。

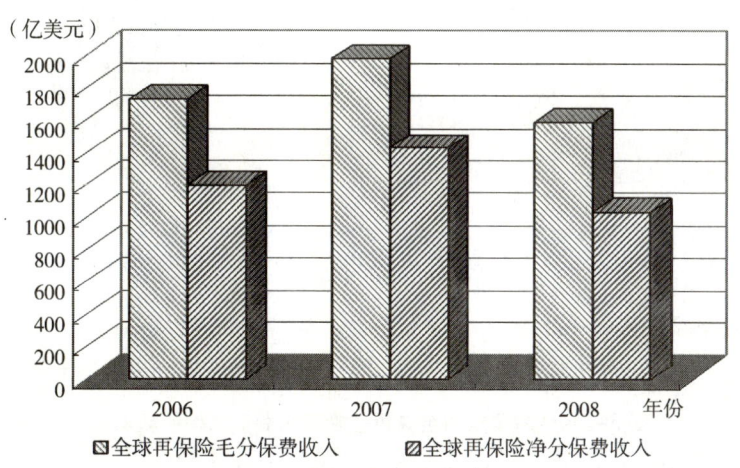

图 5-1 金融危机前后全球再保险市场规模的变化

金融危机对全球保险业的影响

毛保费收入口径的人寿再保险保费收入在2007年大幅增长的基础上收缩了17%，净保费收入口径的人寿再保险保费收入更是大幅下降了46%。毛保费收入口径的非寿险再保险保费收入下降了21%，净保费收入口径的非寿险再保险保费收入下降了19%。其中，财产再保险下降12%，责任险再保险下降27%，但财务再保险保持稳定。

2. 金融危机后全球再保险市场险种结构的变化

全球再保险市场险种结构受金融危机影响发生了一些变化（见图5-2）。由于全球寿险直保市场受金融危机影响严重，风险资本和偿付能力不足，调低评级更是雪上加霜，使得其融资困难，不得不转向再保险人寻求支持以分担风险和释放资本金。再保险市场在险种结构方面的变化正是对这种需求的反映——寿险再保险比重上升了2个百分点。财产再保险业务比重的上升是对巨灾需求的反映。此外，由于金融危机导致责任险和财务再保险的赔付率高升，再保险人为了规避风险，主动调整业务结构，降低了责任险和金融险的比重（责任险降低了3个百分点，金融险降低了1个百分点）。

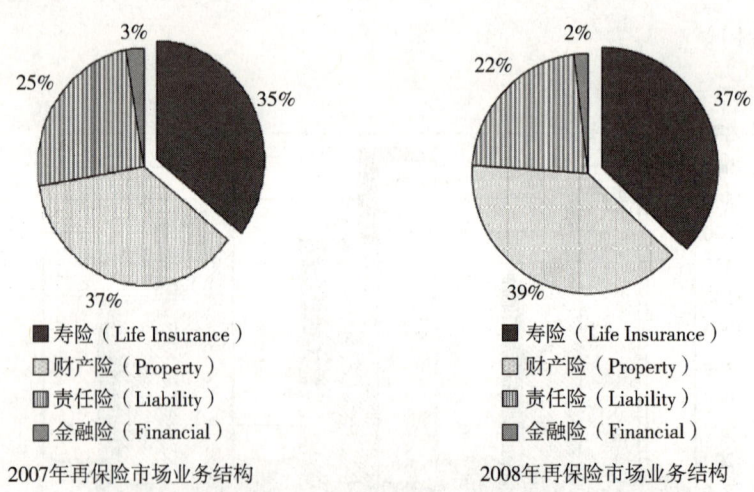

图5-2 金融危机对全球再保险市场业务结构的影响

资料来源：IAIS, Global Reinsurance Market Report, 2008-2009.

第五章 金融危机对全球再保险市场的影响

3. 金融危机后全球再保险区域市场的变化

金融危机对再保险市场的区域结构也产生了较大的影响（见图 5-3 和表 5-1）。由于北美直保市场（主要是美国和百慕大市场）遭受较大损失，2008 年北美再保险市场份额降低了近 10 个百分点。尽管部分欧洲再保险人也遭受了较大损失，欧洲依然是主要的再保险风险承担者。

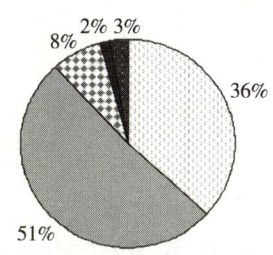
2007年再保险市场需求区域结构

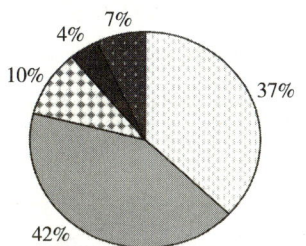
2008年再保险市场需求区域结构

图 5-3 金融危机对全球再保险市场区域结构的影响

资料来源：IAIS, Global Reinsurance Market Report, 2008-2009.

表 5-1 全球再保险市场保费收入的区域分布　　　单位：百万美元

地区 \ 年份	分入毛保费 2007	分入毛保费 2008	分出毛保费 2007	分出毛保费 2008	净分入毛保费 2007	净分入毛保费 2008	净分入保费的变化（%）
欧洲	104530	93675	-69371	-64148	35159	29527	-16
北美洲	82939	77466	-97809	-74440	-14870	3026	-120
亚洲和大洋洲	2356	2273	-14475	-16145	-12119	-13872	14
非洲和近中东			-3080	-7420	-3080	-7420	141
拉丁美洲			-5088	-11261	-5088	-11261	121

资料来源：IAIS, Global Reinsurance Market Report, 2008-2009.

二、金融危机对全球再保险市场需求的影响

金融危机对全球再保险市场需求的影响主要体现在金融危机对全球直接保险业务的影响方面。根据瑞士再保险《Sigma》的统计,2008年全球保险业保费收入遭受自1980年以来的第一次下跌,其中,全球寿险收缩3.5%(特别是主要发达经济体保费收入增长率由2007年的4.4%下跌至-5.3%),股东权益缩减30%~40%;全球非寿险保持稳健,收缩0.8%(特别是主要发达经济体保费收入增长率由2007年的0.3%下跌至-1.9%),股东权益缩减15%~20%。

1. 全球寿险业受金融危机严重影响

金融危机加剧了全球寿险业的承保风险、资产负债匹配风险、市场风险、信用风险和流动性风险,使得全球寿险业在承保、投资、评级和融资四个方面都受到了沉重打击。

首先,金融危机造成的金融市场动荡加剧了寿险业的承保风险。金融危机和随后引发的经济衰退沉重打击了全球资本市场,特别是全球股市(见图5-4),从而严重影响了以资本市场业绩表现为依托的投资性较强的寿险产品,尤其是趸缴保费产品的销售,其中投连险和变额年金产品较为普遍的美国、英国、意大利、法国和爱尔兰等市场的整体保费收入都出现了大幅下滑,而期缴保费份额较高的德国等市场则表现相对较好。此外,金融危机前各国政府为防止通胀而采取的紧缩货币政策与金融危机后各国政府普遍采取的非常规救市政策形成强烈反差,导致部分寿险公司面临模型及定价风险,也可能对全球寿险业的未来产生不利影响。最终,金融危机导致2008年全球寿险业保费收入下跌。

---

① 瑞士再保险经济研究与咨询部. 2008年世界保险业:工业化国家寿险保费收入下降,新兴经济体增长强劲. Sigma. 2009(3).

第五章 金融危机对全球再保险市场的影响

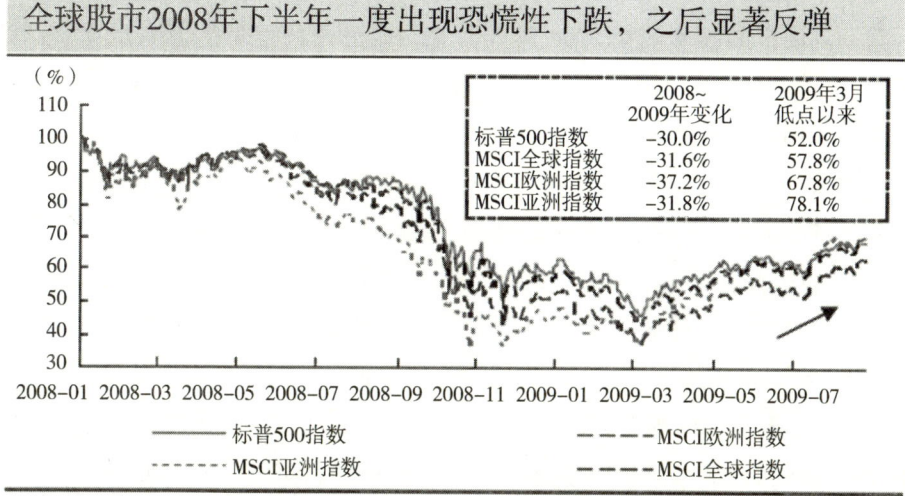

图 5-4　2008~2009 年的全球股市表现

资料来源：Bloomberg.

其次，金融危机和随后的经济衰退对全球资本市场，特别是全球股市的冲击还沉重打击了全球寿险公司的投资业务。由于寿险公司负债的长期特性，其大类资产配置中的股票投资比重较高，部分寿险公司还大量参与了资产支持证券（ABS 和 MBS），少数寿险公司（如 AIG）更是陷入信用违约掉期（CDS）业务，因此，全球寿险业务受金融危机影响资产出现大幅减值，主要集中在股票、资产抵押债券、公司债和商业地产上。寿险公司持有的高风险次级贷款相关资产远较银行业少，但评级较高的中、低风险债券仍受到金融危机的牵连，违约率上升，有一定幅度的贬值。尽管在现行会计准则下，该部分资产损失不会完全体现到损益表中，但仍会直接导致寿险公司的股东资本盈余和偿付能力下降。

在这次金融危机中，以往亚洲寿险业最为发达的市场如日本、韩国、中国香港和中国台湾地区的寿险业也因资产减值受到了不同程度的冲击，部分寿险公司遭受了重大损失。受金融危机影响导致投资失败的一个极端案例就是日本大和生命人寿保险于 2008 年 10 月 10 日宣告破产，成为金融风暴下第一家破产的日本金融机构。该公司由于规模小而经营成本高，为追求利润而热衷于高风险、高回报的投资。在 2008 年 3 月末，该公司的偿付能力充足率仍高达 555%，但至 9 月末，随着资产的大幅减值，偿付能力充足率下降到 26.9%，财务陷入困境，随之宣布破产。

再次，金融危机导致寿险业评级被普遍调低。由于前述承保和投资方面的损失，部分寿险公司的国际评级被调低。2008 年 9 月 17 日，美国国际集团（AIG）被标普、穆迪、惠誉三大评级机构下调了至少 2 个信用等级，主要是受海外子公司——伦敦金融产品公司大量售出的金融衍生品债务担保证券（CDO）和信用违约互换业务（CDS）拖累所致，而每调低 1 个等级，AIG 需要追加至少价值 133 亿美元的抵押品。17 日当天，AIG 股价开盘即暴跌 74%，欧美股市陷入新一轮恐慌，随之美国政府宣布紧急援救 AIG。10 月，由于担心寿险公司大量持有的原本风险程度较低、评级较高的资产抵押债券也需要计提减值，三大评级机构又调低了部分寿险公司的信用等级，并将美国寿险业的行业前景从"稳定"调降至"不乐观"。评级下调造成保险股价的新一轮大跌和额外资本金的需求。2009 年 2 月，三大评级机构再次下调了 10 家保险公司的信用评级。当保险公司需要募集资金以应对资产减值、提高财务评级时，评级下调又使寿险公司的筹资成本上升，难以募集到资本金，这已经成为当前资本市场的一个突出矛盾。

最后，金融危机导致寿险业的融资能力降低。受低投资回报、高保障成本以及低资产管理费收入的影响，全球寿险业盈利性出现较大幅度下滑。瑞士再保险估计[①]寿险公司风险资本平均下跌了 30% ~ 40%，某些公司的跌幅甚至高达 70%；偿付能力已降至发生危机前的 2002 年的水平。受到金融危机、业绩下滑、市场恐慌等多方面因素影响，2008 年全球寿险公司股票大幅下挫，年跌幅普遍在 40% 以上，最高为美国国际集团（AIG），跌幅达 97.3%。进入 2009 年后，欧美保险股股价的下跌程度仍在加深，表明资本市场对寿险公司的财务稳定性与盈利性相当担忧，寿险公司的融资能力极大

---

① 瑞士再保险经济研究与咨询部. 2008 年世界保险业：工业化国家寿险保费收入下降，新兴经济体增长强劲. Sigma. 2009（3）.

地降低。

总之，全球寿险业收缩，由于近年来全球寿险业的产品结构更倾向于投资性储蓄产品，因而保费收入更容易受到经济和资本市场的影响，因此，此次金融危机对寿险业产生了严重影响，进而对全球人寿再保险的需求也产生了较大影响，即表现为需求出现较大幅度的萎缩。此外，寿险直保公司因承保和投资遭受双重打击，偿付能力和信用评级的降低又特别需要用再保险方式来分担风险，释放资本金，提高偿付能力，因此，表现为对财务再保险需求的上升。

2. 全球非寿险业受金融危机影响有限

从承保方面看，非寿险包括财产险、责任险、信用和保证险、意外险等不同险种，不同险种受金融危机影响的程度不同。财产险主要受巨灾风险和承保周期影响，金融危机对财产险影响很小。责任险、信用和保证保险是受金融危机影响最大的险种。

从投资方面看，非寿险公司的投资受制于负债短期特性，投资更为稳健，杠杆率很低，因此，金融危机对全球非寿险业投资的影响并不像对寿险业的影响那样显著。全球财险业的主要损失来自美国，而且主要是那些参与信用违约互换（CDS）、承保信用和保证保险的非寿险公司。

然而，由于金融危机波及实体经济后，造成发达经济体出现不同程度的经济衰退，抑制了全球非寿险需求的增长，特别是商业险需求出现了下降，导致非寿险再保险需求没有显著增加。但由于 2008 年是有史以来巨灾损失最大的年份之一，造成财险公司综合赔付率大幅上升，对再保险需求出现较大增长。

三、金融危机对全球再保险市场供给能力的影响

2007 年金融危机初期，全球再保险业并没有普遍受到直接影响，但某些承保责任险（如财务保证保险）的专业再保险人和大型再保险人的专业分部（如瑞士再保险公司的金融产品部门）首先承受了巨大的赔付压力，导致 2007 年责任再保险毛保费收入下降了 20%，2008 年该收入进一步大幅下降 27%（净保费下降 29%）。

金融危机对全球保险业的影响

1. 供给能力变化

再保险公司经营的基本原理是通过投入一定的资本，形成再保险的承保能力，分散直保公司的承保风险，提供风险责任补偿和资金支持，扩大直保公司的承保能力；同时，通过再保险机制可以有效解决直保公司经营的波动性及保险市场变化的波动性，避免危险过于集中，不致因一次巨大事故的发生而无法履行支付赔款义务，对保险业起到平滑波动和稳定经营的作用。

受金融危机导致的直保公司经营波动性的直接影响，再保险市场也出现了较大幅度的风险波动。为了进一步分散风险，再保险人也需要通过安排转分保，将风险分散给其他再保险人，从而表现为 2008 年全球再保险人的转分保比例大幅增加。《全球再保险市场报告》调查结果显示：再保险人转分保比例由 2007 年的 27% 提高到 2008 年的 38%。与此相对照，全球再保险自留额下降，特别是寿险再保险自留额由 2007 年的 71% 下降到 2008 年的 45%。这表明，全球再保险人，特别是寿险再保险人的供给能力在金融危机后出现了下降。

2. 资本供给变化

再保险市场周期除了受到保险和再保险市场经营业绩的影响外，在很大程度上是由国际资本市场决定的，因为再保险市场是一个资本密集型的市场，它的周期性更多取决于资本市场的周期性。由于全球资本市场受金融危机影响面临困境，全球再保险资本供给在短时间内出现了一定程度的短缺。Aon Benfield 的报告①显示，再保险业的资本供给受金融危机影响较大，由 2007 年的 4110 亿美元，下降 16.9% 至 2008 年的 3420 亿美元，但到 2009 年第三季度，已经恢复至 3980 亿美元（见图 5-5）。总之，全球再保险业的资本供给在一定程度上受到金融危机影响，但全球再保险业在 2009 年中期开始逐步恢复了偿付能力和资本供给能力，从而使再保险业快速恢复了稳定的供给能力。

3. 偿付能力变化

金融危机不可避免地影响了全球再保险业的经营，特别是对再保险人的投资业绩造成较大负面影响，少数再保险人（如瑞再）出现严重亏损，股东权益严重缩水，急需补充资本。但正如上面提到的，再保险市场的资本供给也受

---

① Aon Benfield Analytics. Reinsurance Market Outlook: Remarkable Recovery. 2010-1.

第五章 金融危机对全球再保险市场的影响

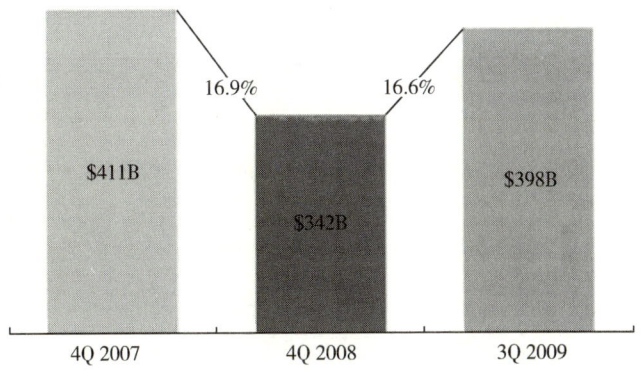

图 5-5 再保险资本供给的变化

资料来源：Aon Benfield Analytics.

到金融危机影响，在短期内相对短缺，从而影响了再保险业的偿付能力。《全球再保险市场报告》显示，2007～2008 年反映全球再保险业偿付能力水平的杠杆比率①大幅上升，毛杠杆率由 2006 年的 42% 攀升至 87%，净杠杆率也由 25% 攀升至 42%，基本上增长了一倍（见图 5-6）。

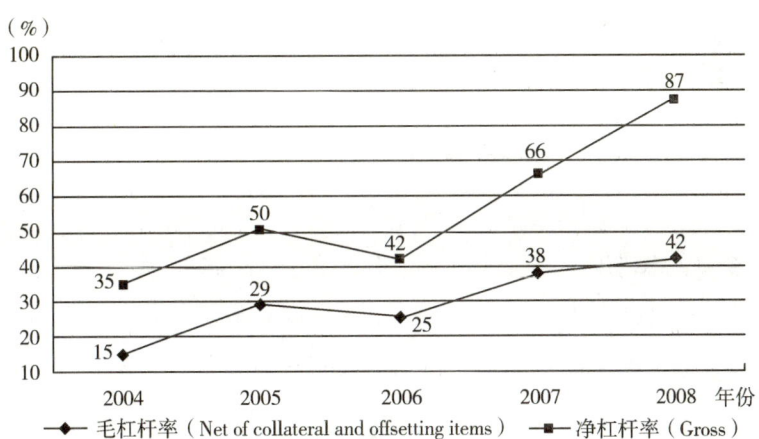

图 5-6 再保险杠杆率的变化

资料来源：IAIS.

---

① 杠杆比率（gearing ratio）是通过转分保安排摊回的总赔款与总可用资本之比，主要衡量再保险人依赖转分保的程度。

四、金融危机对全球再保险市场影响的机理——供求关系视角

通过上述对再保险市场需求和供给两方面的分析,我们可以从中梳理出金融危机对全球再保险市场影响的机理和传导机制(见图5-7):

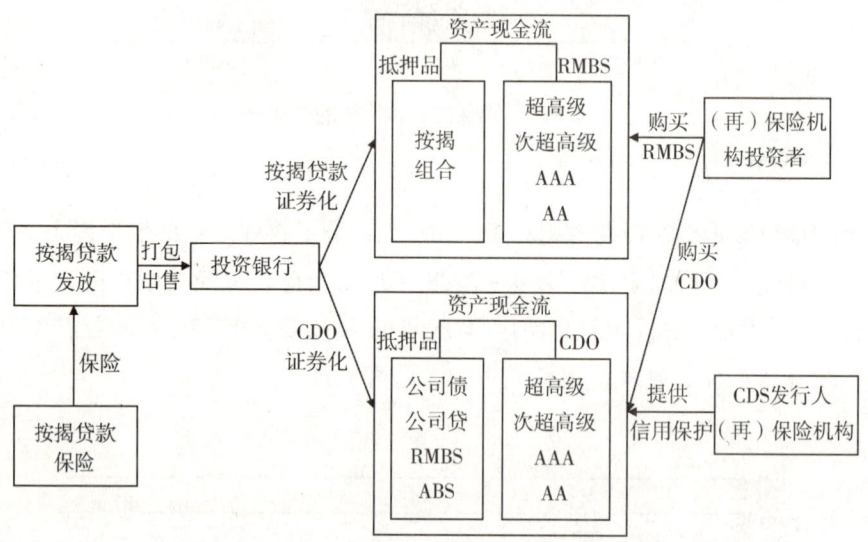

图5-7 (再)保险业参与次贷相关交易环节示意

1. 金融危机导致保险业在投资方面遭受了重大损失

近年来高涨的资本市场使直保公司(主要是寿险公司)开发和销售了大量非保障、投资型保险产品,使得当其投资出现重大损失时,保险需求急剧下降。

作为金融市场的重要资金供给者和投资者,保险业通过三个途径参与了次级抵押贷款(也包括Alt-A贷款)相关的交易环节:一是作为传统的抵押贷款保险提供者,保险公司在放贷机构放松贷款条件的前提下,仍然为信用程度和收入水平较低的贷款者提供按揭贷款保险,从而更加增强了放贷机构的信心。二是直接购买并持有大量次贷证券化资产(如RMBS、CDO、CLO等)。

尽管总体上保险业投资策略较为保守，保险公司持有的次贷证券化资产总量远不及银行多，但部分机构还是执行了较为激进的投资策略。此外，金融危机深化时期，即便是优质的证券化资产也出现较大幅度贬值。三是作为重要的信用担保机构，保险公司忽视潜在的巨大风险，为次级债券提供保险，主要包括单一风险保险（Monoline Insurance）和信用违约掉期（Credit Default Swap, CDS），从而在ABS和CDO等次级债衍生品华丽的包装上又贴上了"安全"的标志，这不仅大幅提高了次级债券的信用等级，而且极大地增强了投资者的信心。最典型的保险公司（如AIG）参与了上述所有交易环节（见图5-7），多数保险公司是作为投资者购买了RMBS和CDO产品。

2. 金融危机导致再保险需求下降

由于金融危机导致经济衰退，波及实体经济，使直接保险需求下降，最终导致再保险需求的下降。

由于资本的稀缺性，购买再保险是使直保公司具有可靠财务偿付能力的有效手段。同时，出于对风险管理的要求，直保公司需要购买再保险。因此，再保险决策既是直保公司的风险管理决策，也是其资本结构决策。直保公司构成了再保险的保险需求。研究表明，再保险市场需求与原保险市场需求之间存在显著的相关性，与国民经济发展之间也存在着显著的相关性。金融危机导致全球经济出现不同程度的衰退，波及实体经济的各个层面，进而影响到原保险需求，并最终影响到再保险需求。虽然金融危机导致直保公司偿付能力下降，也增加了对财务再保险的需求，但其远不能平衡原保险需求下降导致的再保险需求下降。

3. 金融危机导致再保险业在金融衍生产品投资方面遭受了重大损失

很多再保险公司购买了大量金融衍生产品，其中部分再保险人也涉及与次贷相关的结构化产品（包括担保债务凭证和信用违约互换等，见表5-2）。根据《全球再保险市场报告》，2008年末再保险人共持有总计约3160亿美元的衍生金融工具，大部分是利率合约。尽管参与衍生金融市场的再保险人中的多数（略低于70%）持有金融衍生品的目的是为了对冲，但还是使再保险人暴露于利率和基差风险之下。再保险人还通过发行信用违约互换为交易对手提供信用保护。调查显示，多年来再保险业保持了净信用保护卖出者的角色，而且

金融危机对全球保险业的影响

程度越来越大。2007年74%的合约（按名义金额）是基于信用保护卖出，2008年这一比例增加到79%。

表5-2 再保险公司参与信用违约互换（CDS）和担保债务凭证（CDO）

合约类型		2008年 （名义金融百万美元）	2007年 （名义金额百万美元）
其中：信用违约 互换	信用保护买入	2050	3534
	信用保护卖出	7188	9093
其中：担保债务 凭证	信用保护买入	130	66
	信用保护卖出	980	1302
信用保护买入总额		2180	3600
信用保护卖出总额		8168	10395

资料来源：IAIS.

此外，由于近年来再保险业内的金融创新——保险证券化（ILS）和非传统风险转移工具（ART）的广泛使用，使得再保险业与资本市场紧密地连结在一起。金融危机对保险证券化和其他非传统风险转移工具都造成了一定的冲击。保险连结证券的发行人（一般是某家再保险公司发起成立的SPV①）一般利用融资所得基金进行投资，金融危机使其投资严重受损，进而影响其偿付能力。当触发机制生效时，SPV难以进行及时赔付，而当未达到触发条件时又难以偿还投资人的本金和利息。

我们从再保险市场供需关系的视角进行的分析表明，金融危机对全球再保险市场影响的传导机制如图5-8所示。金融危机的第一条传导路径是通过影响再保险市场供给影响再保险市场：由于金融市场动荡，一方面造成投资于金融市场的再保险公司的金融资产大幅缩水，进而影响再保险公司投资能力和偿付能力，从而降低了再保险市场供给能力；另一方面又使资本供给减少，进一

---

① Special Purpose Vehicle，简称SPV。在证券行业，SPV指特殊目的的载体，也称为特殊目的机构/公司，是指接受发起人的资产组合，并发行以此为支持的证券的特殊实体，其职能是在离岸资产证券化过程中，购买、包装证券化资产和以此为基础发行资产化证券，向国外投资者融资。

第五章 金融危机对全球再保险市场的影响

步降低了再保险市场供给能力。金融危机的第二条传导路径是通过影响再保险市场需求影响再保险市场：一方面由于金融动荡造成直保公司投资能力和偿付能力下降，进而影响再保险需求；另一方面金融危机导致实体经济受损、承保风险加剧，进而影响到原保险需求，最终影响到再保险需求。

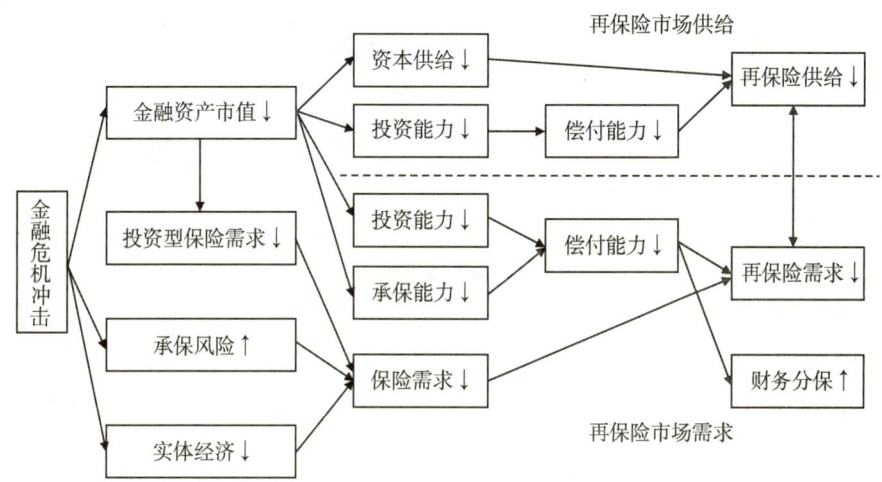

图 5-8 金融危机对全球再保险市场影响的传导机制

第二节 金融危机对全球再保险企业行为和绩效的影响

一、再保险企业战略行为的变化

受金融危机影响，再保险业的赔付率上升，特别是在金融险和责任险方面（见图5-9）。

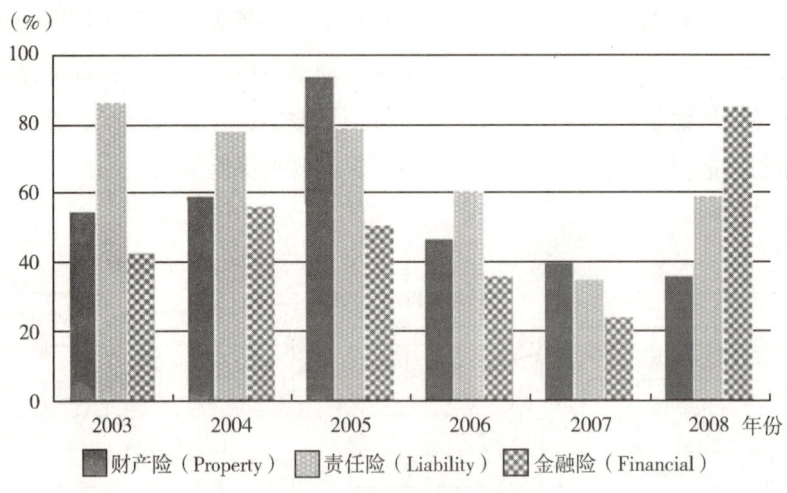

图 5-9 再保险业赔付率的变化

资料来源：IAIS.

为此，再保险公司及时实施战略转型，对业务结构、盈利模式进行了及时有效的调整。在投资方面（见图 5-10），再保险公司对大类资产配置进行了较大幅度的调整，减少了权益投资比重，大幅增加了现金等价物和其他具有更为稳定收益的金融资产占比。

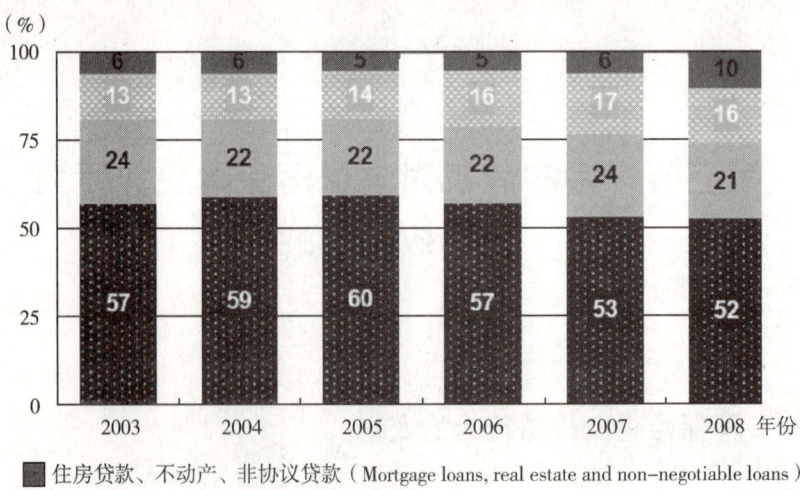

图 5-10 再保险业资产配置结构的变化

资料来源：IAIS.

为弥补投资方面出现的损失，再保险公司还强化了承保和理赔管理，使得费用率大幅降低。尽管 2008 年飓风（Ike 和 Gustav）、冰冻（中国南方）、地震（中国汶川）等巨灾频发，造成该年份的赔付率达到近年来第二个峰值，① 2008 年再保险业的费用率却是近年来最低的（见图 5–11）。

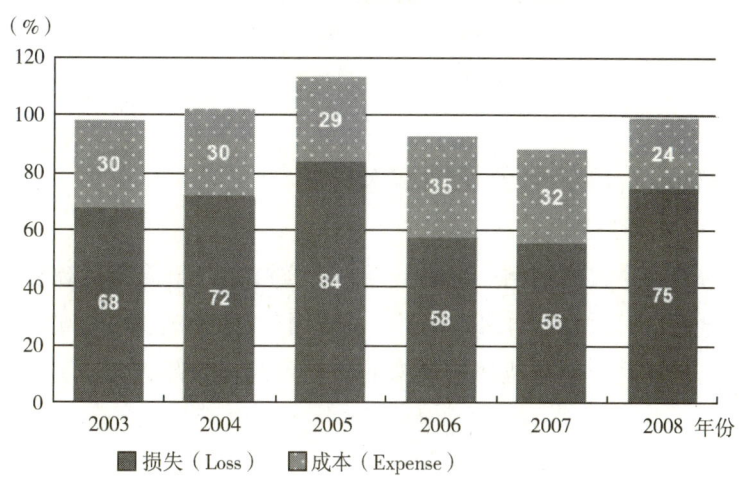

图 5–11　再保险业综合成本率的变化

资料来源：IAIS.

二、对再保险企业定价策略影响

金融危机发生后，一方面由于金融危机和巨灾风险导致部分再保险产品赔付率高升，另一方面也由于金融危机导致再保险资本供给出现短缺，因此，国际大型再保险公司纷纷提高分保条件或提高分保费率，再保险企业议价能力明显增强。瑞士再保险、慕尼黑再保险和汉诺威再保险等国际再保险巨头都表示，受金融危机影响，公司面临资金压力，而且再保险市场需求有加大趋势，

---

① 根据《全球再保险市场报告》的调查，2005 年是有调查以来赔付率最高的年份，2008 年是第二高年份。

金融危机对全球保险业的影响

纷纷上调部分再保险产品的费率，国际再保险市场由此受到影响。但从2009年下半年开始，金融危机影响渐微。

第三节 金融危机对全球再保险影响的成因分析

一、对瑞士再保险公司的案例分析

我们选取一个典型案例——瑞士再保险公司（以下简称"瑞再"），作为细致研究金融危机对全球再保险业影响的成因分析的一个缩影。选择该案例是由于瑞再是受此次金融危机影响最深的国际顶级再保险人之一，非常具有代表性。

1. 经营业绩表现

经营出现较大亏损，股东权益严重缩水。瑞再公布的年报显示，2008年瑞再净亏损8.64亿瑞士法郎，每股收益为-2.61瑞士法郎，股本收益率（ROE）为-3.4%。瑞再的股东权益从2007年末的319亿瑞士法郎下降至2008年底的205亿瑞士法郎，一年之内缩水114亿瑞士法郎，每股账面价值从92瑞士法郎降至60.96瑞士法郎。

造成经营业绩大幅亏损和股东权益下降的主要原因是：投资未实现导致的亏损55.26亿瑞士法郎、汇率波动形成的损失23亿瑞士法郎以及8.64亿瑞士法郎的净亏损。此外，瑞再2008年还进行了20.32亿瑞士法郎的股票回购，还有就是投资业务出现巨额亏损。2008年底，瑞再的投资资产总额为1602亿瑞士法郎，主要由资产管理部（开展正常的投资业务）和遗留资产部（Legacy，管理与次贷相关的不良资产及业务）两个部门来管理。

（1）如果不包括遗留资产部的投资业务，2008年瑞再的投资收益为66亿瑞士法郎，较2007年下降约21%；投资收益率（ROI）为4.7%，较2007年的5.3%下降了0.6个百分点。在考虑了可供出售类资产的公允价值变动损益

第五章 金融危机对全球再保险市场的影响

后,总投资收益率立即降到0.6%。

(2)如果考虑遗留资产部的投资业务,2008年包括结构性信贷违约掉期、资产组合信贷违约掉期及金融市场部以前的交易业务,在全年按市价调整的亏损约为58亿瑞士法郎,其中结构性信贷违约掉期按市价调整亏损值为20亿瑞士法郎。按此测算,瑞再的总投资收益率为-3%~-4%。① 财产险及意外险业务的综合成本率明显上升,2008年瑞再的财产险及意外险业务的综合成本率由2007年底的90.1%上升至97.9%,主要是受巨灾及部分业务准备金提取水平上升等因素的影响。人寿与健康险业务运营状况则有所好转,全年的给付比率由上年的87%降为85.5%。

2. 亏损原因分析

客观上,2007年爆发的次贷危机给金融市场带来了巨大的动荡,对证券化信用需求的实质性锐减产生了系统的银行危机。危机在2008年突然加剧,全球股票市场持续下跌,主要经济体陷入衰退,保险公司投资活动受到了严重影响。

主观上,瑞再前期的战略导向、风险偏好出现偏差。几年前,瑞再董事会认为再保险行业已经不是一个发展性行业,并于2005年任命了具有投行背景的艾建郡(Jacques Aigrain)为CEO,进行金融创新。艾建郡于1981年进入JP摩根投资银行企业财务团队,此后成为该行企业财务部门的联席负责人;2001年被任命为瑞再执行董事会成员并负责新建的金融服务部的工作;在成功经营并扩大了金融服务部后,2004年被任命为副执行官。艾建郡就任CEO后,瑞再进行了大量的金融创新,承担的风险也不断增大,甚至在2008年6月还继续增加了大量结构性产品。实际上,瑞再从战略上偏离了再保险公司的核心业务,从风险偏好上偏离了再保险公司谨慎经营的根本要求。

3. 应对策略

第一,更换CEO,调整机构,健全投资决策机制。披露2008年业绩不久,瑞再即发布了更换全球CEO的消息,宣布艾建郡离职,由Lippe接任其职位。Lippe自2001年起担任瑞再财产险及意外险业务负责人,并于2008年9月出

---

① 由于无法取得具体的分项数据,包括汇率变动的影响等,故算出结果为估计数。

金融危机对全球保险业的影响

任首席营运官，兼副首席执行官。新 CEO 的保险从业背景可能预示着瑞再战略上向传统保险、再保险业务为核心的回归。

为降低风险，瑞再已终止金融市场部的活动，并把剩余业务重组到资产管理部和遗留资产部。同时，它将进一步调整机构，通过提供全球一致的服务来提高效率。2008 年秋，瑞再在董事会下设的现有审计委员会、薪酬委员会、财务与风险管理委员会、公司治理委员会四个专门委员会的基础上，又成立了投资委员会（Investment Committee）。投资委员会于当年 12 月首次举行会议，审议了瑞再现阶段最为关注的战略、资产管理活动、投资行为、估值方法和集团组织架构设置等议程。

第二，调整投资组合，加强限额管理，强化市场风险管控。为应对市场环境的变化，瑞再通过调整投资组合、降低权益类投资比例等方式降低投资组合中的风险。截至 2008 年末，投资组合中超过 56% 为现金、短期投资、国库债券和政府担保的投资工具；对公司债券组合所进行的大规模避险操作，在 2008 年取得了 26 亿瑞士法郎的收益。

加强市场风险限额的管理。所有的投资活动受限于两种额度：一种是由风险因子决定的额度，由风险管理部门制定及更新；另一种额度由投资品种决定，由资产管理部根据其投资品种进行详细的规定；风险管理部门对限额的变动进行独立的监控。

提高市场风险的报告频率。要求每周对投资限额变动情况进行报告、每天和每周对资本市场的交易情况进行报告；通过这些报告，对风险敞口和限额进行跟踪。

第三，严格承保条件，调整业务结构，提高承保质量。严格承保条件，优先发展有利润、费率增长较快的业务。瑞再认为财产及意外险、人寿与健康险的客户需求以及再保险费率的前景将会在一定程度上改善；保险公司在面临资本金削弱的情况下更加倾向于选择再保险规避风险，再保险需求将会出现增长。瑞再预期费率改善的趋势还将继续，并将延伸至其他产品和市场。

2009 年瑞再优先发展费率增长较高的业务，如财产险业务；同时，减少费率缺乏吸引力的领域的业务量，包括责任险、汽车及意外险，并通过严格的承保条件保证这些业务的质量。针对 2008 年各险种的赔付情况，瑞再对董事

第五章　金融危机对全球再保险市场的影响

及高级职员责任险（D&O）、审计师专业责任险和药物产品责任险制定了更严格的承保条件，相应险种的业务量也大幅缩减，尤其是药物产品责任险。

基于2008年三季度末金融危机、巨灾事件、国际再保险市场供求变化等因素，2009年瑞再续保时费率约上涨了2%，不考虑汇率，续保保费收入较2008年同期上涨6%，其中以财产险和特殊险的费率上升幅度最大。

瑞再当时确定的2009年综合赔付率目标是，在正常水平的自然巨灾情况下达到95%。

第四，注资与转分保相结合，强化资本实力，分散风险。截至2008年底，瑞再的资本总额与标准普尔"AA"级标准要求的资本水平相差15亿~20亿瑞士法郎。为使财务实力评级恢复AA的目标，瑞再采取一系列的措施来增强资本实力，包括向沃伦·巴菲特旗下伯克希尔哈撒韦公司发行30亿瑞士法郎的可转换永久性资本工具，与其签订转分保协议，仅进行名义股利支付以及向现有股东配股等措施。评级公司表示，将会根据新的变化，重新考虑瑞再的评级；但传统投资组合、财务灵活性指标等因素可能仍会对瑞再评级造成负面影响。

2009年，瑞再继续通过转分保、保险连接证券、损失担保和风险互换等方式控制自留风险。继2008年瑞再与伯克希尔哈撒韦公司签订为期5年的成数转分保合同后，2009年瑞再计划再和伯克希尔哈撒韦公司签订协议，将通货膨胀等原因导致的财产险及意外险业务准备金的不利进展风险转移给伯克希尔哈撒韦公司。

第五，采取多种融资方式，降低流动性风险。瑞再通过多种融资渠道，改善公司的流动性状况。2008年12月，瑞再对JP摩根发行了15亿美元的20年期信用证便利。此前，瑞再为突破寿险和健康险的业务"瓶颈"而对巴克莱银行进行的寿险业务收购，也是通过一些价格优越的外部融资计划来完成的。

第六，精简机构，缩减成本。瑞再试图通过精简和重组机构来节约成本。2008年已经采取了IT重组、减少外部咨询机构的聘请、财会系统集中管理等措施，并已于2009和2010年每年缩减2亿左右瑞士法郎的税前成本，约占2008年管理费用的6%。

二、其他再保险公司抵御金融危机的经验

慕尼黑再保险公司（以下简称"慕再"）虽然不可避免地受到金融危机的影响，但 2008 年全年盈利 15 亿欧元。这样的盈利结果可归因于慕再采用基于风险资本的原则调控业务，注重公司整体风险管理的质量，在风险管理上能够做到前后台相结合，将风险管理作为评估前台经营管理人员业务的重要指标。慕再审慎、保守的资本管理方式使它能够在经济困难时期承保各种风险。

劳合社 2008 年的经营业绩也较为稳定，年度盈利 19 亿英镑。在此次金融海啸中，劳合社以其严谨有序的市场管理机制，扮演了稳定市场的重要角色。受金融海啸影响，导致投资损失惨重的直保公司倾向于再保险以分散风险，使德国第二大再保险公司汉诺威再保险公司迎来 2009 年的利润上升空间。事实证明，再保险是否能起到稳定经济和金融的作用，关键还取决于再保险公司的自身经营能力、实力和效果。

三、金融危机对再保险业影响的成因分析

1. 某些再保险企业的战略失误

从前述对瑞再的深度案例分析中，我们不难总结出导致瑞再（包括少数其他再保险公司）深受金融危机之困的深层次原因就是其战略失误，即严重偏离其核心业务——再保险业务，追求高风险下的高收益与再保险行业特性和风险偏好严重背离。

瑞再自 1994 年进行战略调整以来，陆续出售了直保业务，确立了大力发展再保险业务、扩大寿险和健康险再保业务的发展思路，迅速成长为专注再保险主业、提供综合性金融服务的跨国再保险集团。特别需要指出的是，瑞再为了持续扩充其在金融业其他领域的经营范围，在资产管理部门之外专门成立了金融服务部门以大力发展金融市场业务。在资本市场高涨的年代，瑞再的金融市场业务为其带来了丰厚的利润，成为集团最重要的利润来源，但在遇到金融危机、资本市场严重受挫的时期，金融服务部门又成为其巨亏的主要来源。

第五章 金融危机对全球再保险市场的影响

图 5-12 表明金融市场业务极易受到资本市场波动影响。瑞再作为一个再保险公司，业务过度多元化，利润来源过度依赖金融市场业务，而且进行了过度的金融创新（开发了很多与利率和信用衍生品相关的非传统风险转移工具），最终导致其亏损一直延续到 2009 年中期。经过调整，2009 年瑞再扭亏为盈，全年净收益为 5.06 亿瑞士法郎。

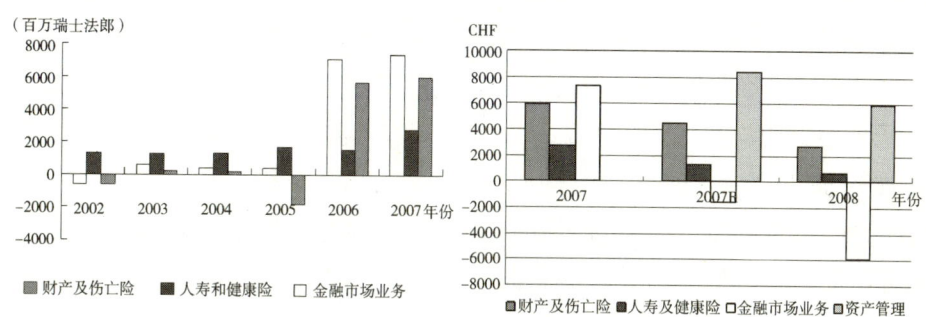

图 5-12 瑞再历年营业利润比较①

资料来源：瑞士再保险公司年度报告。

2. 风险管理不力

瑞再的案例表明，由于战略导向出现偏差，导致其风险偏好也发生了变化，造成其风险管控不力，特别是在出现系统性风险后没有及时对市场风险、流动性风险和信用风险等进行有效的压力测试，导致风险逐步放大后才进行调整，甚至在 2008 年 6 月还继续增加了大量结构性产品，错失调整的最佳时机。

金融危机引发的市场风险冲击到包括再保险业在内的所有金融业，但每个再保险公司个体则因其风险管理能力及风险管理策略不同而所受影响不同。稳健的再保险公司（如慕再）采取了更为谨慎的风险管理策略，遭受的损失也较小；激进的再保险公司（如瑞再）则承受了较大的损失。在 2008 年的金融危机中，流动性不畅给很多公司造成致命的影响，瑞再也不例外，由于责任险、投资型寿险等承保业务出现较大意外赔付使其流动性风险大幅增加。

---

① 说明：右图 2007 年的数字是来自 2007 年度报告，2007R 来自 2008 年中的调整数字，且金融市场业务被分拆进入资产管理部和遗留资产部。

3. 未预计的系统性风险

当然除了案例中所揭示的战略导向偏差和风险管理不力等内部因素外，金融危机所造成的未预计的系统性风险是造成再保险业波动的最主要的外部因素。

经济学合成谬误原理告诉我们，金融危机发生时，即使单个金融机构是稳健的，集合的后果也有可能是灾难性的。例如，单个金融机构为控制风险或提高流动性而出售资产有可能是审慎的，但多数金融机构这样做，则会导致资产价格下跌，进而引发系统性风险。因此，在百年一遇的金融危机面前，再保险业也难以独善其身。比如，尽管慕再一直采取较为保守的承保和投资策略，在金融危机后所受冲击较小，但其业绩还是出现了显著下降，风险调整投资回报（RORAC，Return on risk-adjusted capital）从15%的长期目标值下降到6.9%。这是在保费收入微涨的情况下获得的，实际上，反映慕再承保业绩的综合成本率变化不大（再保险业务综合成本率微升主要受巨灾影响）。因此，慕再业绩下降的主要原因是金融危机引发的系统性风险带来的投资业绩出现较大幅度下降（见图5-13）。

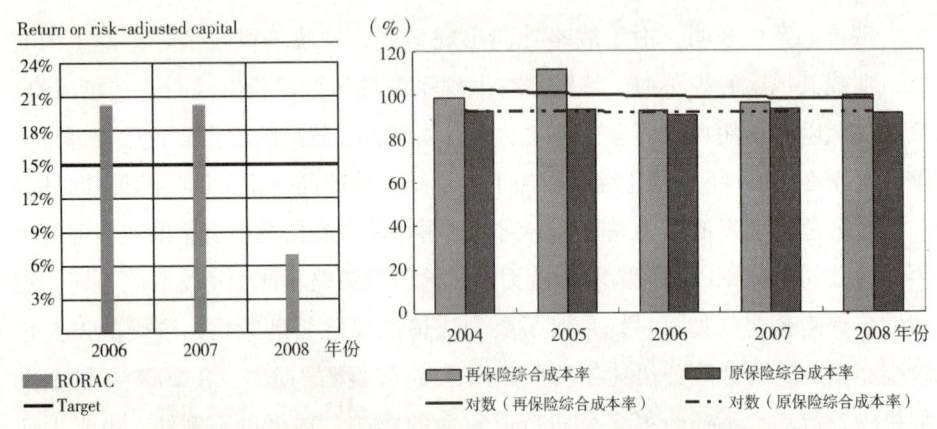

图5-13 慕再历年业绩比较（左图为风险调整投资回报；右图为综合成本率）

资料来源：慕尼黑再保险集团2008年度报告。

实际上，慕再在金融危机期间实施了更为保守的投资策略，进一步降低了

第五章 金融危机对全球再保险市场的影响

权益投资比重，提高了固定收益类投资比重，才取得了不俗业绩（见图5-14）。这一方面说明再保险企业要跟随经济金融环境不断调整其战略和策略，另一方面也说明金融危机造成的系统性风险是任何再保险企业也无法逃避的。

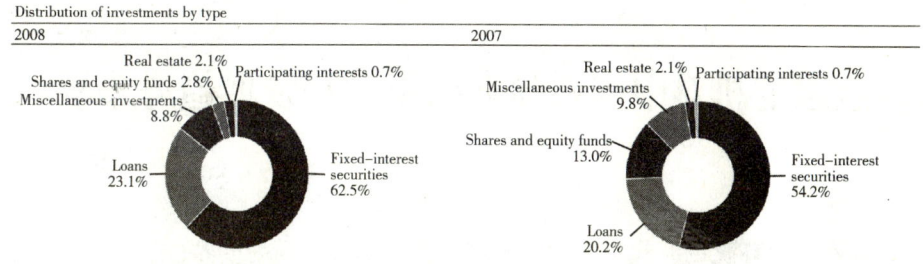

图5-14　慕再2007年与2008年的投资结构比较

资料来源：慕尼黑再保险集团2008年度报告。

本章小结

第一，在分析金融危机后全球再保险市场总体运行情况变化的基础上，从再保险市场需求、市场供给、影响机理及全球再保险企业行为和绩效等角度研究金融危机对全球再保险市场的影响，并以瑞士再保险公司为例进行案例分析，得出的主要结论是：次贷危机对再保险既有直接影响，也有间接影响，衡量间接影响的难度更大。非人寿再保险业受金融危机的影响较大；人寿再保险市场受金融危机的影响反而需求有所上升。

第二，从对瑞士再保险公司的案例分析中，总结出导致瑞再（包括少数其他再保险公司）深受金融危机之困的深层次原因就是其战略失误，即严重偏离其核心业务——再保险业务，追求高风险下的高收益与再保险行业特性和风险偏好严重背离，造成其风险管控不力；金融危机所造成的未预计的系统性风险是造成再保险业波动的最主要的外部因素。

第六章

金融危机对中国保险业的影响和发展趋势分析

在经济全球化的时代背景下,发端于美国次贷问题的世界金融危机,沉重打击了全球的经济发展。许多对冲基金、投资银行、商业银行、政府住宅贷款机构等都受到强烈冲击,并引发了全球金融市场动荡。作为金融服务业的重要组成部门之一,我国的保险业开放力度较大、市场化程度较高,在世界金融危机中难以独善其身,也受到了一些冲击和不利影响。

本章从消费者信心、保费收入、投资收益、实体经济、货币政策、监管等角度分析金融危机对我国保险业的影响;分析了金融危机条件下我国保险业风险防范、投资、稳健发展等问题;指出后金融危机时期我国保险业的发展趋势。从增长角度看,目前我国保险业已基本摆脱金融危机的影响,成为国民经济中发展最快的行业之一。2010年全国总保费收入14527.97亿元,同比增长突破30%,保险行业总资产规模达到5万亿元,投资规模达到3.21万亿元。

第一节 金融危机对中国保险业的影响

虽然由于我国保险市场国际化程度相对较低,此次金融危机对我国保险业的影响相对有限,但在金融全球化的背景下,尤其是受较成熟的美国金融市场持续动荡的不利影响,我国保险业不可避免地受到一些冲击。全球金融危机的蔓延对我国保险业的直接间接影响主要有以下几个方面。

第六章　金融危机对中国保险业的影响和发展趋势分析

一、影响消费者对我国保险业的信心

美国金融危机造成消费者对保险业偿付能力的担忧和市场信心的下降。由于保险产品的特殊性，消费者对保险业或保险公司的信心对保险业发展至关重要。在此次危机中，AIG 遭受重创，瑞再、荷兰全球人寿保险集团（AEGON）、英国英杰华（Aviva）等世界知名保险公司也都遭受了不同程度的损失。国外发达国家的保险业一向给国人留下稳健的印象，但在此次危机中，它们的表现不禁降低了人们对保险公司偿付能力和整个市场的信心，尤其是美国的保险业，整体都受到危机的猛烈冲击，不少公司甚至陷入危机。我国保险业发展时间相对较短，加上诸如偿付能力和行业诚信度等问题一直困扰着行业的发展，公众对我国保险业的信心受到了进一步的负面影响。

资本市场在金融海啸影响下跌宕起伏，与股市波动密切相关的投连险账户净值更是"飞流直下"。令保险界闻风色变的投连险"退保风潮"在天津、山东等地卷土重来，投连险销售被保监部门紧急叫停。生命人寿、海康保险等多家保险商接连遭遇集中投诉、退保等恶性事件，个别保险商的投连险退保率甚至超过了 50%。此外，虽然中国人寿、平安、太保三家公司都明确表示未持有海外次级债券以及 AIG、雷曼、美林等公司出售的债券，但三家上市公司股票价格仍然连续急剧下跌，接连跌破发行价。这中间固然有国内经济、政策等各方面的原因，但美国金融风暴，特别是海外保险公司在这场风暴中的表现无疑也是重要影响因素之一。在消费者本身保险意识薄弱、更加注重储蓄的前提下，此次危机的负面影响可能进一步制约保险业的发展。

二、降低了我国保险业保费收入的增速

金融危机使我国保险业的保费收入增速放缓。从中国保监会 2008 年公布的当年前三季度全国保费收入情况来看，由于股市上涨的余波，投连险火爆的销售带动了第一季度的保险消费，保费收入涨幅乐观。但到第二季度，股市受恶化的国际金融环境的影响持续走低，投连险收益缩水，消费者的购买热情下

金融危机对全球保险业的影响

降,退保情况时有发生。在第三季度,投资型产品已不再受青睐,保费收入增幅持续下降,随着不少公司对万能险结算利率的下调,中国保监会也在8月开始对银保渠道加紧监管和整顿,寿险保费收入受此影响,增幅下降。

以中国人寿为例。2008年1~9月,其原保险保费收入基本上维持50%以上的增长幅度,早在7月末,就以2030.41亿元的规模完成了2007年全年的保费收入,而飞速增长的趋势一直持续到第三季度末。10月,中国人寿的单月保费收入出现了2008年以来首次低于200亿元的现象,为162.15亿元,同比增长42%,增速开始放缓。而11月,中国人寿录得保费收入为160亿元,同比2007年10月保费收入的138亿元,增长仅为16%,增速呈大幅下降态势。而中国太保的反应更加剧烈。其2008年11月单月寿险保费收入为37亿元,同比负增长32.7%,而此前4个月单月保费同比增速分别为50%、58.3%、20.9%和-6.5%。

三、我国保险业投资收益大幅下跌

在此次金融危机中,虽然我国保险公司直接持有次级债券和破产或陷入危机的金融机构的股票和债券等相对有限,但影响不容忽视。

以中国平安为例,2007年投资富通集团1.21亿股,初始投资金额约为238亿元,截至2008年10月16日、10月17日,富通集团股价已跌破1欧元大关,最低探至0.95欧元,若按该日股价(0.95欧元)和汇率(1欧元对9.2056元人民币)计算,平安对富通的投资只剩下10.58亿元,相对初始投资成本238.74亿元来说,亏损幅度高达95.57%。而且由于我国的部分金融机构通过QDII或其他形式参与境外金融资产投资,一旦所投资的境外金融资产发生风险,不仅直接影响参与投资的我国境内金融机构,还将间接影响参股或购买这些境内金融机构及其资产的保险公司。

受美国金融危机影响,全球股市持续低迷,我国保险业投资收益和各保险公司净利润大幅下降(见图6-1)。保险公司2008年年报显示,A股三大保险巨头净利润较2007年出现大幅缩水,平均减幅高达73%。数据显示,2008年中国人寿实现净利润100.68亿元,同比下降64.19%。对于利润的大幅下降,中国人寿认为原因主要是国际金融危机的冲击，资本市场的深度下调，使得 2008 年投资收益出现了大幅下滑。

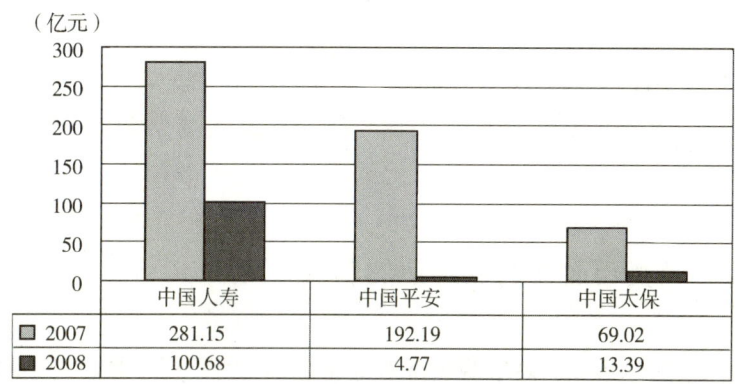

图 6-1　2007～2008 年我国三大保险公司利润情况

中国平安则受伤更深。中国平安由于海外投资严重受损，对富通股票投资计提减值准备 227.9 亿元，导致净利润（按国际财务报告准则）由 2007 年的 192.19 亿元大幅降至 4.77 亿元（按中国会计准则为 8.73 亿元），同比缩水高达 97.52%，基本每股收益由 2007 年的 2.61 元降至 0.04 元。

中国太保实现净利润（归属于母公司股东）13.39 亿元，同比下降 80.6%。

四、经济实体对保险业的间接影响

保险需求与经济和金融市场环境息息相关。此次金融危机对我国的经济和金融环境产生了一些负面影响，进而影响了我国保险业的增长速度。具体表现在：一方面，此次金融危机引发我国金融市场动荡、股市下跌、资产贬值，影响我国金融业的盈利能力和安全性，并由此影响我国经济增长速度和国民收入水平，进而影响国内个人和企业的保险需求。另一方面，金融危机导致美国、西欧、日本等国家和地区经济的衰退或停滞，这将极大影响我国的外贸出口和外商投资，并造成人民币的升值压力加大，恶化我国的出口贸易，影响我国出

金融危机对全球保险业的影响

口信用保险的发展。中国出口信用保险公司福建分公司 2008 年的数据显示，出口信保福建分公司受国际经济环境影响面临巨大挑战：一是国外买方拖欠货款导致报案件数及金额激增。1~9 月，分公司共接报案 100 件，约为 2007 年同期的 2 倍，估损金额 5027 万美元，同比增长近 10 倍，计提未决赔款准备金 3522 万美元，同比增长 36 倍。二是出口贸易环境恶化导致大型出口企业可保标的萎缩。1~9 月，分公司前十大保户的保费同比减少 33%，保额同比减少 28%。

五、相关货币政策对保险业的影响

受国际金融危机和国内宏观经济形势所迫，央行不得不频繁调整利率，使保险业面临利差损的风险。央行宣布从 2008 年 9 月 16 日起降低一年期人民币贷款基准利率，9 月 25 日起调低除工、农、中、建、交、邮政储蓄银行外其他存款类金融机构人民币存款准备金率。同时下调贷款和存款基准利率自 2005 年之后还是首次出现。随后又于 2008 年 10 月 8 日、10 月 29 日、11 月 26 日和 12 月 22 日四次下调存贷款利率。"利率风险"是寿险公司面临的主要风险之一，因此，在 2008 年上半年出现利率长期有上调的趋势下，利差损成为保险公司要考虑的主要问题。

一方面，利率下降影响寿险公司的资产和负债。利率下降使短期内因为公司有价证券价格的上涨使公司存量资产上升，但在长期内，增量资产投资的预期收益率和存量资产的到期后再投资收益率是下降的。总体上看，利率下降对寿险公司的资产是不利的（丁元昊，2008）。预定利率与市场利率差距的扩大，增加了公司在保单到期时的支付困难；若此时公司降低新推出产品的预定利率，又可能使总的业务规模扩展受影响。另一方面，市场利率下降时，客户往往会选择维持较高的续保率或提前偿还保单抵押贷款，使公司投资风险加大。利差损直接威胁寿险公司的生存与发展。巨额利差损必将导致寿险公司偿付能力的不足，若长期得不到解决，公司将面临被接管甚至破产的风险。

六、对行业监管的影响

在市场监管方面,此次金融危机主要暴露出美国金融或保险监管中存在的两个问题:一是对金融衍生产品的监管真空;二是保险公司偿付能力测算或预警机制在复杂的金融衍生产品面前失灵。这次金融危机也给我国的保险监管带来一些启示:一是不能因为美国金融监管中暴露出来的问题而重回市场行为监管的老路,实施过度监管,妨碍市场效率;二是要避免片面地以市场发展要求倒逼监管政策改革,市场主体的利益导向性、短视性和市场竞争压力往往会造成市场主体行为非理性,一味地片面地应市场要求而放松监管政策,只能是使行业的潜在风险汇聚;三是要更加坚定地推进偿付能力监管制度改革和实施,完善偿付能力监管体系;四是在目前我国偿付能力监管体系尚不完善的条件下,市场行为监管仍然是规范保险公司市场行为、防范风险的有效手段,鉴于美国在金融衍生产品繁荣时期放松对其监管的教训,我国保险监管应适当放缓放松市场行为监管的步伐。

保监会主席助理陈文辉在 2009 年全国寿险监管工作会议上的讲话指出,在 2008 年,由于保险公司的粗放式经营及资本市场的震荡导致部分保险公司在本来偿付能力就不足的情况下更出现下降趋势,保监会根据各公司的情况采取了针对性措施以加强监管。寿险业结构调整要立足于满足被保险人的真实需求,立足于服务经济社会大局,发挥寿险产品风险保障和长期储蓄功能,提高行业发展的可持续性。

七、保险业已成为国民经济中发展最快的行业之一

从增长角度看,目前我国保险业已基本摆脱金融危机的影响,成为国民经济中发展最快的行业之一。2010 年全国总保费收入 14527.97 亿元,同比增长突破 30%,保险行业总资产规模达到 5 万亿元,投资规模达到 3.21 万亿元。

金融危机对全球保险业的影响

第二节 中国保险业面临的问题

一、保险业的风险防范问题

金融业的风险防范与实体经济的发展息息相关。此次危机导致了实体经济增速放缓，金融业的风险防范工作也会受到影响。与其他金融行业相比，保险业面临的风险不仅更多，而且风险在行业和市场中的传递更加隐蔽，防范更为困难，因此，保险业的风险防范应该受到更多的关注。

1. 保险产品定价风险

金融危机背景下，利率、投资回报率等影响保险产品定价的关键指标波动更大，保险产品的定价比以往任何时候都更加困难。

2. 保险资金运用风险

新的保险投资渠道和投资产品逐渐放开，但是，保险业缺乏相关领域的专业技术和人才积累，如何在多元化投资的同时更好地控制投资风险，成为保险业面临的重要课题。

3. 个别公司偿付能力不达标的风险

目前，在我国保险市场中，仍有一些公司因为经验管理不善遭受亏损或是盲目扩张业务、疏忽偿付能力的增强等原因致使其偿付能力不能达到监管要求，为了能使保险公司更好地发挥其社会保障功能，必须增强这些公司的偿付能力。

4. 非正常退保的风险

部分国际知名保险企业在金融海啸中遭受重创，使保险消费者和公众对保险行业的信心受到很大影响，同时，金融危机对经济造成的不利影响也使一些保险产品的收益受到很大影响，被保险人的收益预期不能满足，使退保的风险增大。

二、保险公司面临稳健投资和盈利需求双重压力

在金融危机造成金融市场投资环境急剧恶化的条件下，我国保险公司将面临稳健投资策略和投资盈利需求的双重压力。

受金融危机影响，我国保险公司在投资方面压力巨大。在这种背景下，一方面，保险公司在今后的投资中应相对更加谨慎，更加注重保险投资策略的稳健性和安全性，避免投资渠道盲目多元化和海外扩张。另一方面，2006年和2007年两年投资收益大幅度增加，使各寿险公司银保业务、投连险业务迅速扩张，保险公司投资盈利压力巨大。特别是中小型寿险公司，其业务和股票市场投资扩张多始于股票市场高位运行时期，投资收益更是不容乐观。因此，保险公司面临稳健投资策略和巨大投资盈利需求的双重压力。这可能产生如下结果：一是为了满足投资盈利的强烈需求，保险公司不顾投资风险，希望通过抓住股市动荡调整的机遇来获利。但是在形势不明朗的情况下其操作风险非常大，一着不慎就可能进一步引发投资损失。二是受投资收益下降的影响，保险公司必须调整发展战略和业务结构，控制或收缩银保产品和投连产品业务规模，从而导致保费规模大幅下降。

三、保险业面临稳健发展的挑战

金融危机爆发以来，中央果断决策，提出了"保增长、保民生、保稳定"的方针。保险业贯彻中央的这一方针，保持了快速、健康、稳定的发展势头。2010年可能是新世纪以来保险业发展最为困难的一年，但由于采取了一系列措施，行业平稳较快增长。但是应该看到，今后一个时期保险业平稳增长的困难仍然很多。

从外部环境看，金融危机的影响具有长期性和复杂性。资本市场低迷和投资收益下降制约了保险承保和投资两个轮子的协调运转。从行业自身看，在当前的形势下，中国国内的部分保险公司粗放发展的弊端比以往更加突出，如果不及时扭转，部分公司可能从盈利转为亏损，个别公司可能会亏损加重，严重

金融危机对全球保险业的影响

的甚至可能危及公司的正常经营。此外,金融危机改变了国内经济近几年高速增长的趋势,居民收入和企业利润与前期相比大幅下降,间接导致了保险需求的下降,而部分保险公司因偿付能力不足,业务规模、机构设置和产品设计方面也会受到一定影响。

第三节 后金融危机时期中国保险业的发展趋势

展望未来,随着改革开放不断向纵深推进,我国保险业将保持持续稳定较快发展的态势,在金融业的地位和作用会不断上升,保险覆盖面和深度将不断增加,服务和谐社会能力不断增强,我国保险业仍将成为全球最具活力、发展速度较快的朝阳产业。未来我国保险业发展将呈现如下趋势:

一、保险经营理性回归,更加注重保险主业

在金融危机的影响下,理性的个人和家庭将更倾向于把资金从风险较大的股票和基金市场转移出来,积极购买传统业务的保障型保险产品。因此,越是在金融危机中,客户手头的资金越是紧张,就越是要重视保险的理财作用和保障功能,越能促进主营保险业务的快速增长。国际金融危机对保险业的一个重要启示,就是要坚持做好主业。保险业只有专注于自身具有比较优势的领域,发挥在风险保障和长期资产负债匹配方面所具有的专业优势,才能有效应对经济周期性调整的冲击,实现可持续发展。

全球保险巨头 AIG 身陷次贷危机,顷刻间出现巨额资金缺口而走到破产边缘,究其危机源头,不是保险业务自身出了问题,而是受海外子公司——伦敦金融产品公司大量售出的金融衍生品债务担保证券(CDO)和信用违约互换业务(CDS)拖累所致。国内保险公司尤其是寿险公司更要深刻意识到,现阶段还需专注保险主业,我们保险业本身经营时间还相对较短,对寿险经营的规律认识还不够,从业人员也缺乏经验,现在不是扩张领域的时候,而是需要

第六章 金融危机对中国保险业的影响和发展趋势分析

大力推进寿险专业化经营,加强从业人员专业知识培训和能力的提升。

在金融危机的影响还在不断传导的情况下,我们更应深刻认识到,保险经营与消费要回归理性,保障才是保险最基本的功能,这种功能是其他任何金融工具都无法代替的,这是保险行业存在的理由和价值。

二、不断加强对资本市场风险的控制

众多老牌金融机构在危机中陷入困境,甚至破产倒闭,并非是因为其不会投资,不懂风险控制,而是低估了小概率事件发生的可能。雷曼兄弟的破产告诉我们,资本市场上没有不可能发生的事,对风险防范,要始终采取更为审慎的态度。这也适时给保险业敲了一个警钟:在看到资本市场对保险业的积极影响时,更应居安思危,了解其对保险市场消极的一面;资本市场充满风险,但不能因此就望而却步,更要加强对资本市场的理论研究,掌握其运行规律并为我所用。

三、更注重再保险的地位和功能

经历过惨重的损失后,原保险公司迫切希望在重大灾害发生时能够有再保险公司为其分担风险。金融危机发生以后,财务安全已经成为保险企业关注的重大问题。寻求财务安全和财务稳定,将成为原保险人购买再保险的主要动因之一。再保险的存在和发展还可以弥补小型保险企业在资本规模、风险管理等方面的劣势,使得小型保险公司得以生存,由此促进保险业的竞争。再保险将再保险人与原保险人的利益紧密联系在一起。通过再保险业务往来和信息交流,原保险人可以获得国际上经验丰富再保险人的业务指导,学习和引进国际先进的保险经营管理理念、专业承保技术和风险管理技术,从而带动促进整个保险业经营管理水平提高。

同时,保险业的飞速发展需要再保险业给予支撑。规模日益扩大的保险业和现有保险企业的自身承保能力并不对称,而再保险固有的扩大承保能力的作用正可以弥补这一矛盾,使得保险业的发展规模和承保能力之间维持一种平衡状态。

金融危机对全球保险业的影响

四、保险需求的多样化和保险创新自主化

中国经济社会发展正处在新的历史起点。在这个新的历史起点上，工业化、城镇化、市场化、国际化进程不断加快，社会多元化趋势不断发展，各项体制改革深入推进，不同区域、不同收入人群、不同社会阶层对保险的需求不断扩大。与此同时，保险需求的个性化特征日益突出。而且金融危机后，保险产品的需求也在发生变化。

保险业在发展中应该以建设"创新型行业"为战略目标，在积极吸收借鉴发达国家保险业发展经验的基础上，更加重视自主创新，根据中国社会主义初级阶段经济社会发展的具体国情和人民群众对保险的需求特点，积极探索中国特色保险业发展道路。

五、保险发展的科学化和集中化

保险业在今后的经营和管理中，将放弃重保费、轻管理，重规模、轻效益的粗放型经营模式，逐步克服高投入、低产出，注重短期效益、忽视长远发展等问题，使行业朝着集约化、内涵式的增长模式发展，业务发展更加全面，发展结构更加协调，质量和效益不断提高，可持续发展能力不断增强。

六、保险监管的系统化和专业化

为了提升我国保险业的监管水平，健全监管体系，必须提升我国保险监管系统的专业化水平，促进监管的系统化。逐步构建一个涵盖事前、事中和事后的监管体系，加强对关键业务和领域的监管，完善以偿付能力监管、公司治理结构监管和市场行为监管为三支柱的监管体系。同时，将更多更优秀的专业人才纳入保险监管体系以促进监管的系统化和专业化。此外，监管的技术手段也需不断强化，从而极大地提升保险监管的专业化水平。

第六章 金融危机对中国保险业的影响和发展趋势分析

本章小结

第一,从消费者信心、保费收入、投资收益、实体经济、货币政策、监管等角度分析金融危机对我国保险业的影响,指出从增长角度看,目前我国保险业已经基本摆脱金融危机的影响,成为国民经济中发展最快的行业之一。2010年全国总保费收入14527.97亿元,同比增长突破30%,保险行业总资产规模达到5万亿元,投资规模达到3.21万亿元。

第二,分析了金融危机条件下我国保险业风险防范、投资、稳健发展等问题。

第三,分析了后金融危机时期我国保险业的六个发展趋势:保险经营理性回归,更加注重保险主业;不断加强对资本市场风险的控制;更注重再保险的地位和功能;保险需求的多样化和保险创新自主化;保险发展的科学化和集中化;保险监管的系统化和专业化。

第七章

中国保险业应对金融危机的对策分析

本章在分析全球金融危机对保险业影响和后金融危机时期我国保险业发展面临的问题及趋势基础上,就保险监管、风险防范、保险经营与投资、法律法规等方面提出 12 项应对措施。

第一节 保险监管方面的应对措施

金融危机在全世界蔓延的结果表明,在金融全球化和综合经营的冲击下,统一的金融监管和国际合作是未来市场发展的必然选择。

一、更新局部监管思想,树立系统监管理念

次贷危机中,受到最直接、最全面冲击的保险领域为债券保险市场。美国债券保险市场受到次贷危机全面冲击这一事实,不仅反映了各金融机构在资本市场各环节上密切联系、缺一不可,同时也反映出在金融创新日益活跃的情况下要实现无漏洞的监管是一件多么困难的事情,即使是在美国这样发达的国家也很难做到。因此,监管机构不仅要使已有的监管体系尽可能的完善,同时还应该让这一体系覆盖面更广、反应更加灵活多变。目前我国还没有债券保险业务,但现存的很多业务如责任保险、三农保险、银行保险等都属于创新业务范

畴，监管机构必须针对这些新业务的特殊性制定相应的监管规则，并对出现的问题进行实时跟踪，及时采取相应的调整措施加以解决。只有这样，细枝末节的小的问题才不会日积月累从而导致系统风险，中国的保险市场才能健康有序发展。

因此，监管理念应当从局部性风险监管逐步向金融市场系统性风险监管转变。次贷危机的蔓延与恶化凸显出局部性风险监管的巨大缺陷，针对不同金融市场风险可能相互传染和蔓延从而导致系统性风险的问题，金融监管必须转变思路，从对局部性风险的监管转变为对整个金融市场系统性风险的监管。金融监管体系必须做到金融风险的全覆盖，不能在金融产品和服务的生产和创新环节上留下金融监管"真空"，这就要求有这样一个机构能够对金融市场的稳定负责，同时又能够有效监测金融市场的系统性风险。

二、推进偿付能力监管改革和完善偿付能力监管体系

随着保险竞争的加剧和保险信息化的发展，保险业与银行业、证券业之间的互相渗透愈演愈烈，自然而然带来了监管的"真空"和交叉的问题。为此，保险监管部门需要加强与银行、证券等监管部门的互动，定期就有关业务和监管信息进行磋商和交流，解决混业经营趋势下的分业监管问题。与此同时，在全球经济一体化背景下，各国经济发展互相紧密联系，但由于信息的不对称，使得风险可能在不同的国家和地区之间转移，因此，加强监管的国际合作和协调变得尤为重要。我国作为重要的发展中国家，既要从我国国情出发来制定监管政策实行监管，更要实现监管的国际化。保险监管部门要充分利用信息技术发展带来的便利，加强与国际监管部门的合作，建立国际保险监管支持体系，从而对国内保险市场上的外资保险公司、国际保险市场上的本国保险公司以及接受本国分保业务的国外再保险公司实行监管。金融危机后，许多举世闻名的金融集团受到金融风险的波及濒临倒塌，"保险巨擘"AIG 也未能幸免，其中，衍生金融产品起了非常重要的作用。虽然美国拥有全方位多层次的金融监管体系，但是却忽视了对衍生金融产品的监管，市场的不健康发展行为没有得到及时合理的纠正，风险慢慢积累最终引发全球性的金融危机。我国的保险监管体

系主要存在两大不足：一是前台监管太过强调市场准入，而忽视保护消费者利益；二是后台监管不到位，致使监管资源紊乱，扼杀了金融企业的营运活力。

因此，我国的保险监管既要吸取美国金融监管暴露出的问题和经验教训，不能重蹈覆辙；又要避免以促进市场发展为借口，片面倒逼监管政策松动。一方面全面覆盖前台业务监管，不留真空，同时对前台业务监管适度放松，以激发市场主体的活力；另一方面严格执行后台监管，更加坚定地推进偿付能力监管改革，完善偿付能力监管体系。

三、建立统一的金融风险监管体系

长期以来，金融业存在银行业、证券业、保险业、信托业之间的混业与分业经营之争。分业经营模式也叫专业化业务制度，指专业化经营，其核心在于商业银行只能经营存贷款等传统银行业务。银行业、证券业、保险业、信托业之间实行分业经营、分业管理，各行业之间有严格的业务界限，各类金融机构严格在法律限定的某一范围内提供金融服务，不得跨界经营。商业银行只能从事商业银行业务，保险公司只能经营保险业务，证券公司只能从事证券业务，并由不同的监管机构分别监督管理。美国金融制度是混业经营模式的代表。混业经营模式的实质是金融业内部的分工与协作，是银行业与证券业、保险业及实业的融合，指商业银行在业务领域内没有什么限制，不仅可以经营存贷款、结算等传统的商业银行业务，还可以经营投资银行的业务，如保险代理、证券的承销与包销交易、对企业投资等。混业经营模式大体可以分为两种：一种为综合型银行模式，这是指在金融机构内部设立若干从业部门，以此来从事银行、证券和保险业务，其代表国家有德国、瑞士、荷兰和卢森堡；另一种为金融控股公司下的全能银行模式，这是指在金融控股公司或金融控股集团之外设立若干个子公司，经营从事银行、证券、保险等业务，代表国家有美国、英国和日本。

为了防范与化解我国保险业、银行与证券业相互融合的风险，仅仅确立与我国经济金融环境相适应的监管战略是远远不够的，还需要建立有效的监管组织机构来实现其监管战略。随着金融集团公司的出现、银行控股保险公司的增多以及银保业务的兴起，银行与保险之间的相互渗透愈加明显；而伴随着保险资金流入证券市场以及保险公司的成功上市，保险与证券之间的分业经营障碍也将被逐步突破。在保险业与资本市场融合过程中出现的一系列融合风险，现有的分业监管制度无法明确回答其究竟归哪个部门管辖，但可以肯定的是，无论将其归入哪一个职能监管部门，都不能有效地防范与化解三者融合所带来的所有风险。如果不能有效协调部门之间的关系，很可能会造成保监会与相关监管部门之间的矛盾冲突，加大工作协调难度和信息传递成本。现有的分业监管体系已无法适应混业经营趋势下风险监管的现实要求，对其改革势在必行。

为了降低改革的制度转换成本，有必要以功能性风险监管为核心，一方面维持原有分业监管职能部门，另一方面组建统一的金融监管部门，来管理全国的金融监管机构及监管行为。对单家金融企业，毫无疑问，按照其业务性质归属到相应的金融监管职能部门；对金融集团，则由其下设公司的相应监管部门进行监管。总体来看，要预防系统性风险，保持金融机构稳健发展，需要加强监管机构间的密切沟通与合作，防止部门风险由小到大、由局部向整体、由非系统性风险向系统性风险的逐步演变与扩散。尽管目前我国实行的是分业经营与分业管理，但在实践中，银行、证券、保险三者之间的行业界限已经日益模糊。特别是在某些领域，金融业务间的相互渗透与融合也初见端倪，由此必然会导致监管过度、监管不足或监管空缺等多种情况的发生，在没有集中统一的综合监管机构，而市场风险又时时存在交叉扩散的情况下，特别需要建立各监管部门间的信息共享与沟通协调机制，以集合各监管部门的监管资源与优势，共同应对风险隐患。

第二节 保险风险防范方面的应对措施

结合当前的国际经济金融形势，考虑我国保险业的实际情况，我们需要紧密结合保险业实际，把防范风险作为当前保险业发展的一项重要任务。

一、加强保险业基础建设，夯实保险业发展的基础

加强保险业基础建设是防范保险业风险的前提和保障，是保险业发展的基础。

第一，进一步加强法律制度建设。重点是进一步做好新《保险法》的实施工作，以新《保险法》实施为契机，推动一些保险法制的创建和修改，完善保险法律体系。

第二，加强信息化建设。加大对信息化建设投入，实现数据、财务和后援的集中管理，切实解决数据的真实性问题，提升公司的风险管理控制能力。建立完善统一的信息系统行业标准，实现全行业信息系统的规范化、标准化。对新机构的开业进行验收，提高信息化水平的验收标准。

第三，加强内控制度建设。围绕风险控制和增进效益两个目标，建立起高效的风险管理机制，以风险管理为核心，严格控制经营风险；完善保险风险内部监控机制，对经营风险实行严格的监控；建立科学的风险监测反馈系统，提高公司经营效益。

第四，加强保险人才队伍建设。充分发挥保险人才队伍在防范风险方面的基础作用，大力推进人才兴业战略，建设好以经营管理人才、专业技术人才、保险营销人才和监管人才为主体的保险人才队伍体系。树立大培训、大教育理念，大力培训人才，提高人才素质，加大引进国际化专业人才力度。

第五，加快保险诚信体系的建设。全方面规划保险诚信建设进程，明确阶段性建设目标和任务。完善失信惩戒和守信激励机制，加强对失信行为的惩戒力度。一是要培育诚信规范、合规经营的行业文化。二是要培育和谐发展、合作共赢的行业文化。三是要科学规划保险文化与品牌建设。借鉴国际经验，结合中国实际，创建中国保险业知名品牌。

二、继续调整保险结构

调整保险业结构，不仅是增强可持续发展能力的客观要求，也是应对国际

金融危机和经济周期波动的有效途径。我国保险业要抓住当前进行结构调整的有利时机，抓住发展保障型业务、服务民生这条主线，更加注重发挥风险管理和保障功能，大力发展风险保障型业务。要通过调整和优化保险产品结构、区域结构、市场结构，实现从外延式增长向内涵式发展的转变，实现从粗放经营向集约管理的转变。

第一，调整产品结构。调整保险行业产品结构，大力发展长期储蓄型业务和风险保障型业务等。尤其是对寿险业务，应当加大风险保障成分，坚持将短期变长期、趸缴变期缴的目标，逐渐使内含价值高、抗风险能力强、业务稳定性好的长期期缴保障型寿险产品成为业务主流。

第二，完善市场结构。要规范保险公司集团建设，既要积极探索、稳步推进保险集团发展，又要避免盲目跟从、好高骛远。保险公司集团建设要建立清晰可行的发展规划，明确集团公司和子公司的定位，分明权责，有效整合资源，充分发挥战略协同效应；同时，加强集团风险管理，避免各种风险交叉传递。积极发展中小保险公司和专业保险公司，适应保险市场协调发展的需要，鼓励和支持中小保险公司发展，创造公平的市场竞争环境，促进各类保险主体优势互补、相互促进、共同发展。鼓励保险专业中介机构的发展，规范保险兼业代理机构行为，不断完善个人营销制度，完善保险中介市场。

第三，优化区域结构。要支持东部地区和发达沿海地区保险业率先发展，加快中西部和东北地区保险业发展，扶持农村地区和农业保险发展，在提高行业竞争力、提升服务经济社会发展能力等方面取得新进展。

三、扩展保险业服务民生的覆盖面

第一，大力推进建立和发展巨灾保险。充分利用巨灾保险在应对各种重大自然灾害事故和意外事件影响方面的作用，积极研究推动巨灾风险制度的建立，逐步完善巨灾风险分散机制。从2008年以来频繁发生的重大自然灾害的情况看，建设社会主义和谐社会，需要建立与之相适应的巨灾风险分散机制。保险业应该在建设国家巨灾风险分散机制中发挥重要作用。

第二，积极发展"三农"保险。稳步推进政策性农业保险发展，不断扩

金融危机对全球保险业的影响

大农业保险覆盖面。对于收入分配等保险业不能直接发挥作用的领域，要积极发挥保险机制的作用，特别是通过办好政策性农业保险业务，为改善居民收入分配状况提供积极有效的服务。

第三，稳步发展相关领域的责任保险。一是积极推动产品质量、环境污染责任和安全生产等领域的相关保险业务发展。二是继续完善交强险配套制度机制，完善交强险决策机制。三是推进全国统一的车险信息平台建设，实现全国车险承保和理赔信息共享。

第四，继续发展商业养老和健康保险。一是要结合社会保障制度改革，大力发展个人、团体养老等保险业务。二是要进一步探索保险业参与和服务医药卫生体制改革的新途径和有效模式，为完善国家医疗保障体系服务。

第五，发展信用和保证保险。发挥政策性出口信用保险的作用，适度扩大保险责任范围，支持出口贸易发展；发展国内贸易信用保险，促进信用销售，扩大内需；稳步发展汽车消费信贷保证保险；积极推进出口信用保险公司改革。

第六，发挥保险的资金融通功能。根据市场情况和自身需要，稳步推进保险资金投资交通、通信、能源、电力等基础设施项目，支持国家基础设施建设。

四、提高风险管理技术，增强风险管理能力

为防止遭受金融危机的侵袭，保险业要健全风险防范机制，建立风险预警机制，加强市场分析监测，化解风险因素，提高保险业发展的稳定性和安全性。

第一，要完善保险公司的风险管理制度。随着保险公司承保能力的提高和经营环境的日趋复杂，风险管理对一家保险公司来说变得越来越重要。只有具备完善的风控制度，才能有效应对意外事件和风险的冲击，从而减少行业发展过程中不必要的波动。次贷危机之所以对美国职业责任险市场的冲击较小，充分说明了风险管理的重要性。相反，我国的保险公司目前对风险管理的重视程度还很不够，应该向先进国家学习其风险管理制度，提高对风险管理的认识，

第七章 中国保险业应对金融危机的对策分析

采取各种措施努力强化承保业务和投资业务的风险管理能力。

第二，要建立存款保险制度，增强抵御风险的能力。现代金融机构业务和管理日趋复杂，对金融市场流动性和融资功能的依赖性越来越大，风险管理技术应用越来越广泛。金融机构的倒闭通常都是不可预见的，这就导致市场投资者和监管机构往往缺乏足够的时间来采取应对措施，因此，要加快存款保险制度的建设步伐，以发挥存款保险体系的早期干预和纠错功能的作用。我国存在大量具有高风险的中小金融机构，影响了我国金融安全网的构建，这与我国金融机构市场退出等相关法律法规不完善，存款保险制度研究了10多年但是仍然无法出台等有关。我国建立存款保险制度，这就意味着对各类存款实施了显性的有限度的法律保护。假如处理不得当，就有可能造成高风险、低信誉的中小金融机构存款向稳健的国有商业银行和外资银行转移，加剧现存的金融风险。

第三，要建立强有力的专门组织，防范跨境风险传导。例如，成立保监会国际金融市场信息跟踪研究部门，全程跟踪研究国际金融市场和相关国家金融政策的最新动态，及时分析其对我国保险业带来的影响，提出相应的风险应对预案，维护保险业健康有序运行；启动应急工作机制，对外国保险机构在华子公司资金跨境流动情况进行实时监测，有效及时地防范风险跨境传递；加强对保险资金运用不当和因个别公司偿付能力不足可能带来的风险的预警。不同情况不同对待，采取严格措施，督促有关保险公司改善偿付能力状况。

第四，要完善内部控制管理制度，约束管理行为，重视制度建设。保险公司对资源配置和经营管理方式的差异性，形成了公司各自的竞争优势和比较优势。实施严格的内控和管理制度，能提高保险公司的自我约束意识，确保管理行为规范化，从而防范经营风险；健全严格的核保和核赔分离制度，以保证审核制度和检查制度的真正落实；不断创新监督核查和内部控制制度，强化会计核算内控系统，保证内控管理制度的有效性；保险监管部门要加强监督和制约决策者和管理者，根据公司内控管理制度建设的现实状况，出台鼓励或限制公司业务和机构发展的监管政策；公司层面要改进方法和严格措施，全面有效地进行质量管理，涵盖经营过程中的各个环节，保证管理行为的标准化。

第五，建立信息系统，创新管理手段。要建立先进的信息系统，精确运算保险市场发展前景、规模能力、潜在发展能力和险种效益，科学预测保险业

金融危机对全球保险业的影响

务;建设先进的通信系统,快速准确地传递信息;拓展电子商务、网络保险以及其他延伸服务手段和服务领域,提升保险公司的业务发展能力和运行效率;吸收借鉴先进的保险业电子商务模式,包括保险公司门户网站、网上金融超市、网上保险超市、网上保险交易市场、网上风险拍卖市场等。

第三节 保险经营及投资方面的应对措施

一、保险要回归风险保障主业

保障功能是保险的最基本也是最核心的功能,要想促进保险业的稳定发展,保险的经营就要理性回归。随着社会的进步和经济的发展,资本市场也越来越火爆,这就导致了许多保险公司在营销的过程中,把保险当基金卖,把投资型险种当寿险卖,由于信息不对称和保险营销员的销售误导,大多数投资型产品购买者将保险视为投资工具,投资预期过高。随着保险业的日益发展,出现了越来越多的非传统寿险产品,虽然弥补了传统寿险的缺陷,增加了寿险及相关理财工具的竞争力,满足了多功能理财工具的市场需求,但是却忽略了保险的基本保障功能及保险存在的真正意义。当下,全球金融危机的影响还未完全散去,AIG 因非保险业务陷入破产边缘的教训还历历在目,我们应深刻地认识到,保险经营要回归理性,重视保险的保障功能,这种功能是其他任何金融工具都无法替代的,也是保险行业存在的理由和价值。因此,保险公司应该适时降低趸缴产品和投资理财型险种的比例,提高期缴产品和保障型险种的比例,以降低保险经营风险。

二、强调保险投资策略的稳健性和安全性

避免盲目的投资多元化和海外扩张,绝不能片面肤浅地理解保险业国际

化。随着我国加入 WTO，我国保险业国际化程度不断提高，在金融危机导致金融市场投资环境急剧恶化的情况下，我国保险公司面临巨大的投资压力。因此，我们不能片面地理解保险业的国际化，避免盲目地跟风追求多元化投资和海外扩张，更需注重保险投资策略的稳健性和安全性。此次金融危机的全球蔓延向人们展示了国际化的负面效应，有些国家在次贷繁荣时期都赚得盆满钵满，但是，当危机爆发时，都不同程度地受到了金融危机的影响。反思我国保险业未来的国际化进程，既不能因为这次金融危机我国由于国际化程度低、所受影响有限而洋洋自得，也不能因噎废食，放缓我国保险业进军国际市场的步伐。相反，我们更应该以安全和稳定为前提，全面衡量参与全球化的利弊，加强风险预警和风险控制，提高危机处理和应对能力。

三、要始终坚持保险投资的稳健性原则

从保险的业务特点来看，投资的安全性比投资的收益应该更为重要。大多数国家都对保险公司的投资活动实施较为严格的监管，例如，对某一类资产设定具体的投资比例、对高风险投资施加很高的风险资本要求等。在我国保险资金的运用渠道日益拓宽的现实情况下，无论是保险公司还是监管机构，在制定相应的投资策略时，都应该以稳健安全投资为第一原则，将投资风险严格限制在可操作控制范围内。只有这样，才能保证保险投资活动的可持续稳定发展。

第四节 保险业发展法律法规方面的应对措施

一、完善证券化风险防范法律制度

次贷危机表面上来看是美国房价全面走低、利率上升所致，归根结底却是

资金供应方盲目降低信贷门槛、漠视风险管理，而需求方过度借贷、反复抵押融资所致。虽然这种风险在证券化的过程中已经基本分散了，但是却并没有完全消失，一旦到达某种程度，风险还会暴露出来，加上证券化渠道的推波助澜，会带来更加广泛恶劣的影响。

首先，要进一步加强信贷风险管理，提高房屋按揭贷款的信用要求。2007年出台的《中国人民银行、中国银行业监督管理委员会关于加强商业性房地产信贷管理的通知》明确规定，对于首套自住房屋，面积在90平方米以下的贷款首付款比例不得低于20%；90平方米以上的不得低于30%；对已贷款购房、又申请购买第二套及以上住房的，贷款首付比例不得低于40%，贷款利率不得低于中国人民银行公布的同期同档次基准利率的1.1倍，而且，贷款首付款比例和利率水平应随套数增加而大幅度提升，借款人偿还住房贷款的月支出不得高于其月收入的50%。紧接着，《补充通知》中又明确"以借款人家庭（包括借款人、配偶及未成年子女）为单位认定房贷次数"。当时在次贷危机愈演愈烈的背景下，上述严格住房消费信贷管理措施的出台，表明我国监管层已经意识到住房按揭贷款市场的高风险性，显示了监管层加强信贷风险管理的决心。

其次，要完善住房按揭贷款证券化风险防范制度。近年来，金融资产证券化已经成为我国金融改革与理论研究的热点问题。经济学界也一直深入探讨资产证券化的风险，如信用风险、交易结构风险、提前偿还风险和利率风险等。同时，法学界重点研究了在我国开展资产证券化所面临的法律障碍，如资产支持证券性质界定的模糊性、SPV（特殊目的公司）运作模式和存在的法律问题、"真实出售"与"破产隔离"以及实质性转让风险的法律依据等。目前，涉及资产证券化的主要法律包括央行2005年颁布的《信贷资产证券化试点管理办法》和中国银监会颁布的《金融机构信贷资产证券化试点监督管理办法》。上述法律对信贷资产业务的市场准入和风险管理有专门规定，其中专设了"业务规则与风险管理"一章，对资产证券化的各个参与方提出统一的风险管理要求，规范了金融机构的内部风险隔离和风险揭示问题，要求参与证券化交易的金融机构必须建立有效的内部风险隔离机制。以上法律都属于部门规章，法律层次比较低，难以解决现存的一些法律问题。故我们需要借鉴国外资产证券化风险防范的经验，尽快出台专门的金融资产证券化法，妥善处理外部监管和内控制度之间的关系，完善我国资产证券化风险监管制度。

二、完善金融机构破产法律制度

次贷危机进一步证明了金融机构道德风险的减少必须要以市场约束机制的建立和完善为前提。以存款保险为核心的金融安全网尽管在一定程度上强化了金融系统的安全程度，但同时也扩大了金融机构经营上的道德风险。应该让金融机构的所有者明白，即使在管理良好的前提下，银行也有可能倒闭。因为银行业务涉及风险承担的问题，而监管方将会允许那些偿付能力不足的银行倒闭。虽然监管当局不可能做出一个完全可信的、不救助破产银行的事前承诺，但是可以建立一个增加承诺难度的体制。正如新《巴塞尔银行监管委员会银行监管核心原则》强调的，市场监管不能够代替市场约束。

为了强化市场监管，我们需要构建完善而有效的金融市场准入机制、金融市场行为监管机制和金融市场退出机制。破产机制可以有效地抑制金融机构道德风险；同时，存款人破产观念的变化必然会带来风险意识的提高，自觉监督银行的监督管理，进而加强市场约束力量。我们必须充分认识到金融破产制度的重要意义，消除传统的金融领域"不破产、无风险"意识和观念。虽然我国《商业银行法》、《证券法》和《保险法》等都已经明确规定，商业银行、证券公司及保险公司等金融机构是自我经营、自我约束、自担风险的企业法人，然而，我国的金融市场退出机制尚有待完善。2006年出台的《企业破产法》第134条明确规定，"金融机构实施破产的，国务院可以根据本法和其他有关法律的规定制定实施办法"。出台金融机构破产条例，对于金融机构破产法律制度的完善，激励银行控制经营风险具有重要作用。金融危机一旦发生，它能够为政府干预危机措施的效果提供法律支持，同时，也有利于明确政府干预的合理界限，防止政府过度干预，造成市场约束机制的破坏。

金融危机对全球保险业的影响

本章小结

第一，随着全球金融业的发展，银行、证券、保险等行业相互融合、渗透，金融混业经营的国际发展趋势愈演愈烈，然而，中国的特殊国情决定保险业应坚持自己的发展步调和特色。在此次金融危机中，保险业务虽然没有出现大的问题，但是保险公司在金融产品投资方面存在一定损失。

第二，金融危机的一个重要教训是，要正确区分"借鉴"与"盲目追从"，辩证地看待金融自由化和金融创新。这次全球性的金融海啸，既暴露了美国金融保险业自身存在的缺陷，同时也反映了其他国家追随美国模式、参与次贷利益分配的盲从性和片面性。在对发达国家先进模式的学习过程中，我们应从自身情况出发，不是照抄照搬而是将吸收借鉴和自主创新相结合，深刻认识到发达国家的模式固然有其先进性，但不是万能的，也不一定适合每一个国家的国情。盲目追随的结果已经在美国金融危机中发达国家遭受集体重创的事实中再一次得到印证。目前我国保险业多是停留在对发达国家的借鉴和模仿的层次上，自主创新能力还很不足，今后我国保险业的学习应该有针对性地在学习借鉴的基础上进行自主创新，同时，应结合自身的金融背景辩证看待美国金融自由化和金融创新。

第三，提出我国保险业应对全球金融危机和后金融危机时期发展的12项应对措施：

——保险监管方面的应对措施

(1) 更新局部监管思想，树立系统监管理念。

(2) 推进偿付能力监管改革和完善偿付能力监管体系。

(3) 建立统一的金融风险监管体系。

——保险风险防范方面的应对措施

(4) 加强保险业基础建设，夯实保险业发展的基础。

(5) 继续调整保险结构。

(6) 扩展保险业服务民生的覆盖面。

(7) 提高风险管理技术，增强风险管理能力。

——保险经营及投资方面的应对措施

（8）保险要回归风险保障主业。

（9）强调保险投资策略的稳健性和安全性。

（10）要始终坚持保险投资的稳健性原则。

——保险业发展法律法规方面的应对措施

（11）完善证券化风险防范法律制度。

（12）完善金融机构破产法律制度。

参考文献

[1] 李佳．次贷危机的生成演化及对中国的启示．当代经济管理，2008 (7)．

[2] 杨文超．美国次贷危机的形成机理及其启示．河北经贸大学学报，2008 (3)．

[3] 孙昊．从次贷危机到全球金融危机：仍在演奏的四部曲．上海证券报，2008-10-28．

[4] 李若瑾．次贷危机为何重创"保险业巨头"？．中国财经报，2008-11-4．

[5] 田辉．次贷危机对美国保险业的影响．红旗文稿，2008 (9)．

[6] 田辉．次贷危机对保险业的中长期影响分析．中国保险报，2008-9-22．

[7] 国家信息中心课题组．中国经济走势预测和宏观调控对策建议．国研网，2008-10-30．

[8] 李英辉．国秦航空客运量持续走低．京华时报，2008-11-14．

[9] 刘珊云．央企前三季度利润下滑14.3%．京华时报，2008-11-14．

[10] 郑杨．美国次贷危机对中国经济影响到底多大．国际金融报，2008-3-20．

[11] 曹乾，何建敏．保险增长与经济增长的互动关系：理论假说与实证．上海金融，2006 (3)．

[12] 韩艳春，胡文富．保险发展与人口、经济及文化发展的关系（下）．保险研究，2004 (12)．

[13] 魏华林，冯占军．世界保险产业与经济协调发展的比较．保险研究，2005 (5)．

[14] 钱珍．经济增长、居民消费与保险发展的长期联动效应分析——基于 VAR 模型和脉冲响应函数的研究．统计与信息论坛，2008（7）．

[15] 胡宏兵．中国保险发展与经济增长关系的协整分析：1999-2007．山东经济，2007（6）．

[16] 孙晓辉．美财政部酝酿"次贷拯救计划"．证券时报，2007-12-3．

[17] 李萍．WTO 与中国寿险业的利率风险．上海交通大学学报（社科版），2000（4）．

[18] 卓志．人寿保险稳健经营的利率思考．华南金融研究，2000（2）．

[19] 张祖荣．利率波动对寿险需求的影响分析．特区经济，2006（3）．

[20] 廖秋林．银行利率变动与保险业发展的关系．海南大学学报（人文社会科学版），2000（3）．

[21] 兰桂华．利差损与寿险投资．兰州学刊，2003（6）．

[22] 梅雪松．升息预期下的保险经营策略．银行家，2005（1）．

[23] 刘亮，糜仲春．财险公司防范利率风险的策略研究．经济管理·新管理，2006（2）．

[24] 唐金成．论利率市场化与我国保险业的健康发展．广西财经学院学报，2006（6）．

[25] 课题组．上海区域性再保险市场建设研究报告．上海保险，2008（3）．

[26] 程志刚，王传毅．影响我国保险业发展的宏观经济因素分析．商业时代，2008（13）．

[27] 邱波，朱一鸿．论金融化趋势下再保险发展新模式的构建．上海保险，2007（3）．

[28] 王啸．金融危机对我国资本市场发展创新的启示．上海证券报，2008-11-13．

[29] 李扬．金融创新要和实体经济密切联系．上海证券报，2008-9-22．

[30] 李扬．危机促使我们重新思考金融改革．上海证券报，2008-10-15．

[31] 李扬．发展直接金融和间接金融不可偏废．中国证券报，2008-10-21．

[32] 乔姝元．美国债券保险机构运行情况分析．中诚信证券评估有限公司研究报告，2009（7）．

[33] 方媛. 次贷危机对保险业的影响和启示. 经营管理者, 2009 (17).

[34] 姚建中. 次贷危机的主因以及对全球保险业的影响. 杭州电子科技大学学报（社会科学版）, 2009 (6).

[35] 阳建勋. 美国次贷危机对我国金融监管的若干启示. 河南金融管理干部学院学报, 2008 (5).

[36] 曹丽东, 刘巍. 美国次贷危机对我国金融监管的启示. 内蒙古金融, 2009 (3).

[37] 中国社会科学院"国际金融危机理论研究"课题组. 国际金融危机与国际贸易、金融秩序的发展方向. 光明日报, 2009-12-26.

[38] Aon Benfield (2009). FY 2008 Reinsurer Capital Maintenance, The Aon Benfield Aggregate.

[39] Guy Carpenter (2009). Reinsurance Market Review 2009.

[40] IAIS (2007). Global Reinsurance Market Report 2006. IAIS (2008), Global Reinsurance Market Report 2007. IAIS (2009), Global Reinsurance Market Report 2008.

[41] Munich Re (2009). Natural Catastrophes 2008, assessment, positions, Topics Geo.

[42] Swiss Re (2009). Natural Catastrophes and Man-made disasters in 2008, Sigma, No. 2.

[43] Swiss Re (2009). World insurance in 2008, Sigma, No. 3.